L'ITALIA VERSO IL DUEMILA
Ugo Skubikowski

This book is an outstanding collection of readings in Italian designed to introduce language students to contemporary Italian culture while developing their skills in reading, speaking, writing, and listening. The selections in *L'Italia verso il Duemila* range from essays on serious topics, such as recent history and politics, the Italian economy, immigration from developing countries, the North–South gap, and the environment, to lighter pieces on Italian surnames, traditions, food, popular music, and soccer. Suggested activities designed to facilitate development of language skills, comprehension, and grammar review accompany the readings.

Although it requires a knowledge of basic grammar, *L'Italia verso il Duemila* may be used as early as the second semester of an intensive beginning Italian course. The book is organized into three sections: *Tradizioni*, *Storia e politica contemporanea*, and *Sviluppi*, each representing an increasing level of difficulty. Definitions are given for vocabulary that is likely to be unfamiliar to students.

This book is designed to offer students and instructors material to suit a wide range of individual tastes while reinforcing the basic language skills essential for achieving competence in a foreign language.

UGO SKUBIKOWSKI is Professor of Italian and Section Head of Italian at Middlebury College and author of two other books for first-year Italian language instruction.

L'ITALIA VERSO IL DUEMILA

Ugo Skubikowski

UNIVERSITY OF TORONTO PRESS
Toronto Buffalo London

© University of Toronto Press Incorporated 1997
Toronto Buffalo London
Printed in Canada

ISBN 0-8020-7162-7

Reprinted 2004

Printed on acid-free paper

Canadian Cataloguing in Publication Data

Skubikowski, Ugo
    L'Italia verso il duemila

    (Toronto Italian studies)
    ISBN 0-8020-7162-7

    1. Italian language – Textbooks for second
language learners – English speakers.
I. Title. II. Series.

    PC1129.E5S58 1997   458.2'421   C96-932416-2

Picture credits and sources
Lelio Golletti: pp. 38, 44
Panorama (Mondadori): pp. 88, 96, 98, 149, 154, 161
Il Mattino (Editrice EDI.ME S.p.A.): p. 92 (top)
David Castronuovo: p. 108

University of Toronto Press acknowledges the financial assistance to its publishing program of the Canada Council and the Ontario Arts Council.

This book was published with the support of the Faculty Professional Development Fund of Middlebury College.

SOMMARIO

PREFAZIONE

L'Italia verso il Duemila is an intermediate-level text that intends to facilitate development of all language skills – reading, speaking, writing, and listening – while introducing students to a variety of issues in contemporary Italian culture. *L'Italia verso il Duemila* also gives students an opportunity to review grammar to achieve greater control of basic structures and an enhanced knowledge of some of the more difficult points. To this end, the book may be considered a self-contained program that integrates all four language skills.

L'Italia verso il Duemila seeks to fill a gap in the field of Italian textbooks by presenting essays addressing aspects of contemporary Italian culture which are freshly written and contextualized for English-speaking students, while eschewing the common practice of excerpting from Italian newspaper and magazine articles or from chapters in books. Writing expressly for students, I have chosen a variety of topics that should not only appeal to a broad range of interests, but also provide essential information on substantive issues that are frequently ignored or treated superficially in the undergraduate curriculum: contemporary Italian politics and history, the Italian economy, the gap between North and South, and immigration to Italy from developing countries, among others. Students who wish to combine their study of Italian with another discipline will therefore find in *L'Italia verso il Duemila* an introduction to many fields of study in their Italian context. It is also my conviction that an overview of the above-mentioned topics will allow students of literature to situate a contemporary Italian novel, poem, play, or short story in the cultural milieu that produced it, resulting in a more profound appreciation of the literary text. Mindful that it is equally important to cover traditions and popular culture, I have included chapters on food, the impact of soccer, the distinctive and time-honoured celebrations of Christmas and Carnival, and contemporary popular music. Additional variety is provided by readings that address Italian attitudes towards the environment and the high standard of living enjoyed by most Italians. There is also an interview with the owner of a small cheese factory who is fighting to preserve the authenticity of his product – mozzarella – against competition from industrial conglomerates. On a lighter note, there is a chapter on Italian surnames.

L'Italia verso il Duemila may be used as early as the second semester of a beginning Italian course, after all basic structures, including the subjunctive, have been introduced. The length of each chapter, intended to approximate that of a long magazine article or a short chapter in a book, is sufficient to permit a reasonably complete introduction to the topic at hand. Many students will feel the satisfaction and accomplishment that frequently comes with reading a piece in its entirety instead of merely an excerpt.

In selecting topics, I have included not only those aspects of contemporary Italy with which I believe students should be familiar, such as its recent history, but also issues that, because they touch other countries, or indeed, the entire planet, students are already familiar with and are likely to have an opinion about. Thus a student's knowledge (or, at a minimum, awareness) of environmental problems, or acts of terrorism, is a source of discourse potentially transferable to Italian, thereby enhancing the possibilities for conversation. Even more importantly, a student will be led to draw comparisons between, for example, environmental issues in his or her own country and in Italy, or terrorism as a phenomenon in the United States or in other parts of the globe. A desirable result of these informed comparisons might be an increased cross-cultural awareness. To encourage and facilitate students to pursue further research, following most chapters (where warranted) I have provided a basic bibliography that includes some titles in English.

L'Italia verso il Duemila is organized in three sections: *Tradizioni, Storia e politica contemporanea*, and *Sviluppi*, with each section representing an increased level of difficulty. Vocabulary that is likely to be unfamiliar to students is marked with an asterisk (*) and glossed at the bottom of the page, with its meaning in the context in which the vocabulary item appears. As frequent use of a dictionary to find English equivalents will be an obstacle to enjoying the experience of reading, and often will not provide a suitable equivalent for vocabulary used in idiomatic expressions or with figurative meanings, it is very important to spend several lessons teaching students how to read. Students will be surprised to discover (or to be reminded) that, even as native speakers of English, they do not know the precise meaning of each word that they read. Surely few read with an English dictionary within arm's reach, and even fewer crack the dictionary more than occasionally. Yet they use strategies to help them understand unfamiliar vocabulary, or at least to make a reasonable guess. It is important to remember that knowing the precise meaning of each word is unnecessary for understanding a chapter, and reading for general comprehension is a perfectly acceptable goal, especially at the beginning of the course.

How does one discern the possible significance of unfamiliar vocabulary? Some techniques include analysing the word to determine its function in the sentence: is it a noun, a verb, an adjective, an adverb, a conjunction? What other word does it refer to or agree with? What are its antecedents? One might consider the words surrounding the unfamiliar vocabulary item: if there are adjectives, what quality (or qualities) do they describe? Are there lists or categories? Is there information suggesting an opposite quality or concept? One might consider the general tone of the paragraph, or of sentences that precede and follow. Is the word likely to have a positive or negative meaning? Working with cognates from English can be useful, but one must be careful not to be misled by an imprecise or wrong meaning which can result by relying too heavily on cognates (for instance, *delusione* in Italian is not delusion, but disappointment). Another useful technique derives meaning from the morphemes (units of meaning) that compose a word. For example, *insabbiare* includes the root *sabbia*, the -*are* ending of an infinitive, and the particle *in*-, which is found in English as *en*- (*enthrone*), yielding something like "to ensand," "to bury in the sand," "to conceal."

As a general principle, students should begin to practise reading aloud without pausing after every word, or between article and noun or noun and adjective, or between auxiliary verb and past participle. Reading in natural breath groups often goes a long way towards facilitating comprehension. At first, the goal should be to complete a sentence, soon progressing to several sentences, then a paragraph, before stopping to consider the content, what has been understood, what might have been missed. Only after reading a full unit of significance (as represented by one or several sentences, or a paragraph) should one use some of the techniques described above to discover the meaning of unfamiliar vocabulary. A second reading will always be necessary, and only after the second (or even better, third) reading should one finally resort to a dictionary to look up a limited number of words. The emphasis should be on reading, on deriving meaning from analysis, not on looking up in the dictionary every single word whose meaning does not readily come to mind. Excessive reliance on a dictionary may breed mental laziness!

Following each chapter are comprehension questions intended to help students to understand "the facts." At the beginning, students should write out in their notebooks the full answer to the questions using their own words. These answers in class may be used as a springboard for a structured discussion that will help students understand the content of the chapter. The student-generated responses are also an excellent opportunity to review grammar according to patterns of errors that emerge in their discourse. As students progress, they will discover that a full written answer will no longer be necessary, but that notes will be sufficient to generate a response to the comprehension question. By the end of the course, many students will no longer be "tethered" to their notebooks: they will have progressed so as to need to write little, if anything at all, in response to the comprehension questions.

After the content of the chapter has been established to the satisfaction of the class and of the instructor, one should move to the *Proposte per elaborazioni orali o scritte.* In the *proposte* are many suggestions for debates, for drawing comparisons, for expressing opinions, for doing research in Italian newspapers and newsmagazines, for considering controversy. It is not necessary to do all of the *proposte*, but the variety presented should ensure that there is something of interest. I would suggest doing at least one orally, to be prepared outside of class, and another to be written out. To provide additional opportunities for review and reflection, I would suggest that the instructor refrain from providing corrections in student-written work, but to indicate instead the category of error, perhaps by symbols. For example, VT might indicate wrong verb tense, VM verb mood, PN wrong pronoun, and so forth. An alphabetized sheet of symbols (usually 30 or so suffice) should be given out at the beginning of the course.

Because one of the goals of *L'Italia verso il Duemila* is to provide a review of grammar, the third section following each chapter is *Esercizi*, or grammar exercises. It is very important for students to understand that the most successful review is student-initiated and undertaken *whenever needed.* In other words, if the student is not absolutely certain of a particular verb ending or the use of a particular tense or mood, it is up to the student to consult promptly an Italian grammar, which should ideally accompany *L'Italia verso il Duemila.* It is also important to emphasize that the review process continues until mastery is achieved. Different students will have different needs, and student-initiated review is individualized to address those needs. Since the road to mastery may be longer or shorter depending on individual ability and commitment, the instructor is, in reality, powerless to review *for* the students, to travel the road for them. Yet it is the instructor's responsibility to provide opportunities for review, and *L'Italia verso il Duemila* seeks to aid in this endeavour.

It is assumed that students will be familiar with all basic structures after the first-year course, with perhaps only a passive recognition of some of the more complex elements of grammar. In the sequence of exercises, *L'Italia verso il Duemila* does not propose any particular order for review (e.g., from the easy to the difficult, or from nouns, to pronouns, to verbs, etc.). As the first-year course normally ends with work on the subjunctive, impersonal constructions, and other such difficult points, I include exercises dealing with these and other problematic structures early in *L'Italia verso il Duemila*. In general, a more difficult point will be treated in one or more exercises at the same time that easier elements (such as definite articles) are practised in the same chapter. Since it is outside the scope of this book, there is no pretence to complete coverage in the exercises, but most important elements of Italian grammar are reinforced. I have attempted to place emphasis on structures that are most troublesome to our students, such as the subjunctive, sequence of tenses, passive, and impersonal constructions. Accordingly, exercises for these and other difficult points are found in several chapters. When a point of grammar warranted explanation – some elements are treated sketchily in most first-year books – I have provided grammar notes. Many exercises are inspired by the structures found in the chapter, and nearly all items in the exercises use the vocabulary of the chapter to facilitate acquisition of new vocabulary.

Like most foreign-language teachers, I believe that doing exercises is only one aid towards achieving mastery, and has limited value. Active use, student-generated discourse, both oral and written, is the surest way to progress: in this way, the student will determine what vocabulary is important for his or her expression, and what structures need to be reviewed so that a meaningful, intelligible discourse can be constructed. Only by practising and integrating all four skills – reading, writing, speaking, and listening – and applying these skills to meaningful and mature contexts can mastery be achieved.

Michael Lettieri, Gabriella Colussi-Arthur, David Castronuovo, Patricia Zupan, Nicoletta Tinozzi, Anna Skubikowski, Rinalda Skubikowski, Kathy Skubikowski, Sara Skubikowski, and Erik Borg offered valuable comments and suggestions that have improved the original text. I would also like to express my gratitude to the many students I have taught at Middlebury College and at the Italian School of Middlebury College, with whom I experimented with earlier versions of this text. Finally, I would like to acknowledge the generous support for this project from the Faculty Professional Development Fund of Middlebury College.
Note: The chapter entitled *Sviluppi ed eredità del movimento del Sessantotto* was written by Ugo Tassinari and Ugo Skubikowski.

PARTE PRIMA

TRADIZIONI

ELECTRONICS DI LA CORTE
SALVATORE Riparazione Radio TV ------- 35 15 32
3/c/r v. Mercadante ------------------------- 35 15 30
ELEFANTE Andrea, 10 v. Stradivari ------- 2
» Ciro, 55 v. Scialoia
ELEFANTE IMMOBILIARE S.A.S.
1 p. Strozzi
» IMMOBILIARE (S.A.S.)
20 v. della Robbia
ELEFANTI Anna, 5/a v. Ponte di Mezzo ---
ELEKTRON SIGMA (S.A.S.)
51 Lgarno Celiini

ELEMEDIA

OiS OLIVETTI INFORMATION SERVICES
VEDI SPAZIO NELLA PAGINA
ALLA VOCE ELEA S.P.A.

PELAGALLI Aida, 22 v. Campana ------------ 60 31 10
» Giorgio, 4 v. Alessi ----------------------- 41 91 21
» Raffaele, 6 v. Borghini -------------------- 58 19 51
PELAGALLO Guido, 81 v. Ghibellina --------- 234 34 26
PELAGANI Maria, 12 v. F. da Montefeltro --- 68 88 85
(prendera' il 658 08 85)
PELAGATTI Alessio, Cartoleria Giocattoli
15/17 v. Cammori ------------------------- 37 52 57
» Armando, 10 v. C. Franceschi Ferrucci -- 654 00 23
» Aurelio, 86 v. Pistoiese (Peretola) -------- 31 66 51
» prof. Ciro, 12 v. Tazzoli ------------------- 66 74 11
» Ferdinando, 59 v. Mercati ----------------- 48 51 35
» Giorgina, 16 v. Rinuccini ------------------ 36 20 70
» Giorgio, 19 p. Pitti ------------------------ 21 10 83
» Giovanni, 25 v. G. Lanza ------------------ 67 85 90
» dr. Oreste, 5 v. Vanni --------------------- 70 25 29
» Orfeo, 486 v. Pistoiese -------------------- 30 71 37
» Renzo, 306 v. Peretola (Peretola) --------- 31 61 86
» Romana, 137 v. Mercadante --------------- 36 43 81
PELAGGI Maura, 172 v. Ponte alle Mosse -- 36 83 70
PELAGOTTI Amerigo, 30 v. Pacinotti ------- 58 55 41
» Argante, 10 v. T. Bertelli ------------------ 57 65 90

EL.EN. (S.R.L.) 45 05 95 ------------ 45 42 24
Telefax: (055) 45 05 95   45 42 57
10, v. Giovanni da Sangiovanni   45 05 95
45 05 88
45 05 76
PORCARELLI Andrea, 7 v. Novoli ----------
» Gianni, 23/4 v. Paisiello
EL.EN. (S.R.L.) 10 v. G. da S. Giovanni PORCARO Anna, 13 v. Abba --------------- 33 17 06
ELENA Maria Clara, 64 v. Campuccio » Mario, 34 v. Boccherini ------------------ 35 32 56
ELENA MARKET Alimentari 441 v. C » Velma, 361 v. Giuliani -------------------- 46 10 89
PORCEDDA Lidia, 20 v. Romito ------------ 36 25 83
PORCELLA MARIA ROSARIA ---------------- 45 15 10
Cure Estetiche 50 v. la Farina
PORCELLI Elio, 9 v. Morandi ---------------- 47 07 16
» Francesco, 21 v. Villari
» Oronzo, 12 v. Querciola (Castello) -------- 247 88 94
PORCELLO Lucia, 92 v. Sala ---------------- 45 16 48
PORCELLONI Adriana ------------------------ 66 40 18
148 v. Ponte alle Mosse   45 23 00
PESCART Articoli da Pesca 5/r vl. Cadorna - PORCHEDDU dr. Vincenzo, 2 v. Bottego ---- 37 42 01
PESCATORI E NUZZI SAS   PORCHERON Francoise, 91 bg. Pinti ------- 36 28 03
42 vl. Belfiore (n. 2 Linee Urbane) ---- PORCHI Antonia, 1/a v. Pescetti ----------- 43 55 10
42 vl. Belfiore --------------------------- PORCIANI Alberto, 10 v. Stradivari --------- 247 83 28
» E PAGANO 33 v. Cavour ---------------- » Alessandro, 15 v. C. di Marcovaldo ------ 41 25 89
PESCATORI Elisabetta, 9 v. Palmieri -- » Baldo, 89/e v. Pollaiolo ------------------- 41 79 76
» Fabio, 16 v. Fontana » BENI Nerina, 34 v. Caparra --------------- 71 02 63
» dr. Franco, Medico Dentista » Cario, 15/a v. Fanti ----------------------- 71 33 16
44 pl. p.ta al Prato » Cristina, 5 v. Berchet -------------------- 70 26 50
» Emanuele, 1 vl. Mille -------------------- 57 50 82
PESCATORI DR. GIAMPAOLO » Ernestina, 7 v. Manzoni ------------------ 58 93 97
SPECIALISTA ORTOPEDICO » Ferdinando, 47 v. Marconi ---------------- 57 69 08
43 v. B. da Maiano - Fiesole -- » Ferdinando, 32 v. Maroncelli -------------- 24 05 97
PESCATORI dr. Giovanni, 6 v. Garba » Francesco, 74 v. Monteverdi -------------- 58 18 29
» GRAZZINI Graziella, 8 v. Palan » Giorgio, 9 v. Matteucci ------------------- 60 15 89
» dr. Linda, 215 v. Masaccio ------- » Giovanni, 28 v. Stoppani ----------------- 36 02 32
» MONTORSI Liliana » dr. Ilaria, 19 v. Giusti -------------------- 422 22 54
22 Lgarno Colombo » Liliana, 23 v. Mannelli ------------------- 57 80 06
PESCE Alfio, 34 v. Fabroni ----- » Liliana Elena, 1 v. Zeffirini --------------- 248 04 80
» prof. Antonio, 5 v. Galluzzi ----- » Luigi, 20 v. Villamagna ------------------- 67 00 79
» Antonio, 92 v. Puccinotti ----- » Luigi, 346 v. Pisana --------------------- 35 28 61
» Antonio, 101 v. Fortini ----- » Luisa, 2 v. S. Pier Maggiore -------------- 68 46 16
» Caterina, 7 v. Ser V. Monachi » Maria Serena, 16 Costa S. Giorgio -------- 71 48 82
» FORMICA dr. Rossella, 50 v » dr. Massimo, 37/d vl. Morgagni ----------- 248 01 93
» prof. Francesco, 28 v. Cosseri » Maurizio, 104 v. Dosio -------------------- 422 22 69
» dr. Giacomo, 6 v. Rangoni --- » Renzo, 38 v. Berni ------------------------ 71 34 12
» Renzo, 5 v. S. Monaca -------------------- 22 43 90
» Renzo, 126/8 v. Sestese ----------------- 29 21 84
425 03 01

1. CURIOSITÀ DEI COGNOMI ITALIANI

1. Cosa può indicare un cognome.

Il cognome di una persona, si sa, ha un significato a cui si pensa raramente, almeno che non sia un po' particolare. Come del resto in tutto il mondo, il cognome in Italia è spesso utile per indicare la discendenza familiare o qualche particolare di un avo.* Ci sono quindi cognomi che ne ricordano il nome: Di Giovanni, Di Giorgio, De Roberto, De Filippo. Altri che indicano un mestiere: Ortolani,* Orefice,* Pagliai,* Scrivano,* Tornatore.* Ci sono cognomi che indicano la città, regione, o paese d'origine: Napolitano, Calabrese, Sorrentino, Milanesi, Toscani, Siciliano. Altri che indicano un particolare fisico o fisionomico di un avo (a volte si direbbe una poco piacevole disabilità): Ricci, Testagrossa, Boccabella, Grasso, Magri, Sciancato,* Piccolo, Picciolo, Pedone, Pedini, Moro,* Orecchia, Occhipinti,* Gobbi.* Altri che indicano qualche vizietto* o abitudine: Ubriaco,* Criminale, Scoccianti,* Scalzo.* Tra i cognomi italiani più curiosi spiccano* però quelli che diremmo "zoologici."

2. Il cognome zoologico.

Tra i cognomi anglosassoni (o anglicizzati), il campo che richiama il mondo animale sembra un po' limitato. C'è ovviamente Bird, cognome noto soprattutto per il famosissimo campione di pallacanestro. Sempre tra i pennuti* ci sono Hawk e Swallow. Tra i mammiferi troviamo il feroce Lyon (raramente scritto con la "i"), il mite Deer, e Wolf, con il suo pasto preferito, Lamb. Il mondo marino è invece rappresentato dal generico Fish. Il campionario,* con qualche altra aggiunta,* si esaurisce ben presto.

---

avo = ancestor; *ortolano* = greengrocer; *orefice* = goldsmith; *pagliaio* = straw worker; *scrivano* = clerk, scribe; *tornatore* = *(tornitore)* lathe worker, metal polisher; *sciancato* = lame; *moro* = dark, dark-haired; *occhipinti* = bright eyes; *gobbi* = *(gobbo)* hunchback; *vizietto* = *(vizio)* small vice; *ubriaco* = drunk; *scoccianti* = *(scocciante)* bothersome; *scalzo* = barefoot; *spiccare* = to stand out; *pennuti* = feathered creatures (*penna* = feather); *campionario* = sampling; *aggiunta* = addition

3. Il cognome zoologico in Italia: alcuni casi famosi.

I cognomi italiani ci danno invece un panorama zoologico più completo. Tra gli artisti e gli scrittori spiccano i cognomi del pittore rinascimentale Uccello,* di Pulci* (autore del poema eroicomico *Il Morgante*), di Tasso* (autore dell'epica *Gerusalemme liberata*), del poeta romantico Leopardi, del commediografo-romanziere ottocentesco Gallina* e del poeta contemporaneo Gatto. Nella cronaca recente abbiamo sempre notizie del padrone della Fiat, Agnelli,* nonché del ministro Formica.* Leone è stato l'unico presidente della Repubblica a dover dare le dimissioni* per i vari scandali in cui è stato coinvolto. È tristemente spirato* qualche anno fa il noto presentatore televisivo Tortora,* ingiustamente accusato di traffico di droga, per cui è stato anche in prigione. La Pavone,* invece, piccola cantante fulva* degli anni Sessanta, di tanto in tanto appare ancora sia in televisione che in palcoscenico.

4. Un panorama completo.

Spogliando* l'elenco telefonico di Firenze vi troviamo un po' di tutto: dall'equino Cavallo al più pesante Elefante; dal domesticissimo Gatto al migliore amico dell'uomo, Cane. Oltre al generico Pesce, abbiamo qualità ben distinte: il "mercato" offre Tonno, Sardina e la più piccola Sardella. C'è un crostaceo, Gambero;* vi sono presenti, molluschi, Calamari;* perfino il bivalve Cozza. Il tutto sembra l'occorrente* per una squisita zuppa di pesce da cui bisogna tener lontani insetti fastidiosi* quali Mosca,* Moscone* e Ragno.* Tra gli altri commestibili* troviamo Coniglio,* ma anche un più grande Coniglione. Cappone è indicato per il pranzo di Natale, mentre per chi preferisce il gusto più forte della selvaggina* c'è Lepre.* Nel meridione* si festeggia spesso a base di un giovane Capretto,* sfortunatamente molto poco stimato negli States. Piccione* è il volatile che dà noia* in molte piazze italiane, ma ciò non impedisce che a volte finisca nel piatto. Decisamente stoppose* e poco pregiate* Capra* e Pecora,* utilissime però per il loro latte e la lana. Gli italiani, si sa, preferiscono Vitelli* per i piatti a base di carne; Vacca* è bestia già matura e la si lascia per la mungitura.* Con la presenza di un Toro* e

---

uccello = bird; *pulci* = fleas; *tasso* = badger; *gallina* = chicken; *agnelli* = lambs; *formica* = ant; *dare le dimissioni* = to resign; *spirato* = passed away; *tortora* = dove; *pavone* = peacock; *fulva* = tawny-haired; *spogliando* = (*spogliare*) to go through; *gambero* = shrimp; *calamari* = squid; *cozza* = mussel; *occorrente* = necessary ingredients; *fastidioso* = bothersome; *mosca* = fly; *moscone* = horsefly; *ragno* = spider; *commestibili* = edibles; *coniglio* = rabbit; *selvaggina* = game; *lepre* = hare; *meridione* = the south; *capretto* = kid; *piccione* = pigeon; *dare noia* = to be troublesome; *stopposo* = stringy; *pregiato* = prized; *capra* = goat; *pecora* = sheep; *vitello* = veal; *vacca* = cow; *mungitura* = milking; *toro* = bull

di un giovane e forse più piccolo Torello si garantisce la continuità della specie. Per palati più raffinati c'è Rana* e Ranocchia, di cui però si salvano solo le cosce. In America Lumaca* fa impressione; in Italia si mangia in molti modi: ottima con il pomodoro e il peperoncino. Del passeraceo* Tordo,* ultimamente se ne lamentano le stragi,* ma i settentrionali* ne sono golosi.* Decisamente sprecati* in cucina Falco* e Falcone, anche se il Boccaccio,* in una sua notissima novella,* racconta il sacrificio di uno di quest'ultimi per l'amore di una donna. Inaudita,* nella cucina italiana, la preparazione di piatti di Pellicano (del resto raramente avvistato nel Mediterraneo), nonché di Pappagallo,* la cui presenza in casa diletta famiglie che non si impietosiscono* sapendoli incatenati* a un trespolo* giorno e notte. Tra gli altri volatili domestici indichiamo Pollastri,* i più piccoli Pollastrini e gli altrettanto piccoli Pollastrelli, che spesso devono convivere con spiacevoli Pollacci, tutti sorvegliati* da Gallo.* In una fattoria ben attrezzata non dovrebbero poi mancare Porcello,* Porcella e Porcelli: con questi appellativi, e per il comportamento poco raccomandabile dei suini, spesso si richiamano i giovani maleducati a tavola. Porcellini, si sa, erano tre nella favola, e dovevano ben guardarsi da Lupo.* In casa possono dar fastidio roditori come Topi,* ma i Topini sono spesso carini. I mobili di legno, infine, vanno protetti dallo scempio* dei Tarli.* E che dire di Renna,* quadrupede nordico, bestia da soma* e fonte di cibo per i Lapponi?

5. Intervenga la lega per la protezione degli animali!

C'è poi chi predilige* il consumo di una specifica qualità di carne e quindi i cognomi composti da verbo + sostantivo animalesco, Mangiacavallo e Mangiacapra. Addirittura sadici, che andrebbero denunciati alla lega per la protezione degli animali, sono i vari Scannagatta,* Tagliabue,* Pelagatti* e Frustalupi.* Si può invece capire l'utilità di Pelagalli e Squarcialupi* (quest'ultimo solo per proteggere altri animali). Decisamente crudele Castracani, ma per i suoi modi forti un condottiere* di nome Castruccio venne lodato dal Machiavelli.* Per fortuna Castracani non ebbe occasione di conoscere i potenti signori di Verona, alcuni dei quali coevi, i

---

rana = frog; *lumaca* = snail; *passeraceo* = bird of the sparrow family; *tordo* = thrush; *strage* = slaughter; *settentrionale* = northern Italian; *goloso* = fond (of a food item); *sprecato* = wasted; *falco* = hawk; *Boccaccio* = Giovanni Boccaccio (1313–1375), author of *The Decameron*; *inaudito* = unheard of; *pappagallo* = parrot; *impietosirsi* = to feel pity; *incatenato* = chained; *trespolo* = trestle; *pollastri* = young chickens; *gallo* = rooster; *porcello* = piglet; *lupo* = wolf; *topi* = mice; *scempio* = destruction; *tarli* = wood worms; *renna* = reindeer; *soma* = burden; *predilige* = *preferisce*; *scannare* = to slit a throat; *tagliare* = to cut, to slice; *pelare* = to skin, to peel; *frustare* = to whip; *squarciare* = to rip, to shred, to rend; *condottiere* = leader of a private army, a mercenary captain, common in Italy during the Renaissance; *Machiavelli* = Niccolò Machiavelli (1469–1527), author of *The Prince*

cui nomi farebbero temere il peggio: Mastino* I (morto nel 1277), Can Grande (morto nel 1329) e Mastino II della Scala (morto nel 1351).

I. Rispondete alle seguenti domande:

1. Cosa può indicare un cognome? Quali sono i mestieri indicati da alcuni cognomi italiani?
2. Quali sono alcuni cognomi anglosassoni che richiamano il mondo animale? Se ne possono aggiungere altri?
3. Chi sono Paolo Uccello? Luigi Pulci? Torquato Tasso? Giacomo Leopardi? Giacinto Gallina? Alfonso Gatto? Giovanni Agnelli? Rino Formica? Giovanni Leone? Enzo Tortora? Rita Pavone?
4. Elencate dal brano alcuni cognomi che indicano animali commestibili. Indicatene gli impieghi o le preparazioni. Quali sono alcuni cognomi che indicano animali non commestibili?
5. Qual è il significato dei cognomi Scannagatta, Tagliabue, Pelagatti e Frustalupi?

II. Proposte per elaborazioni orali o scritte.

A. Conoscete qualcuno che invece del nome usa un nomignolo (*nick-name*), vezzeggiativo o nome d'arte? Raccontate, usando il presente indicativo, perché il nomignolo, vezzeggiativo o nome d'arte di questa persona è giustificato o no.
B. Usando il passato prossimo e l'imperfetto, narrate una situazione in cui un nomignolo è risultato imbarazzante. Inventate la situazione se necessario.

III. Esercizi.

A. Date la radice delle seguenti parole:

1. pennuto 2. marino 3. presentatore 4. telefonico 5. domesticissimo 6. selvaggina 7. impietosire 8. incatenato 9. Scrivano 10. Ortolani

B. Qual è la principale differenza tra un coniglio e un coniglione? Tra la mosca e il moscone? Ricordate che un sostantivo femminile, con l'aggiunta del suffisso accrescitivo -*one*, diventa maschile, eccetto quando ci possono essere equivoci (una bambinona).

---

mastino = mastiff

Usando il suffisso accrescitivo *-one*, date l'equivalente (con l'articolo indeterminativo):

1. una grande faccia
2. una lunga pagina
3. una scarpa pesante, invernale (di solito da sci)
4. una grande macchina
5. una grande forchetta
6. una maglia pesante, invernale

Ricordate che l'uso dei suffissi è complesso, e un vocabolo che termina in *-one* non indica necessariamente un accrescitivo. Un bottone non è una grande botte, un pistone non è una grande pista, un boccone non è una grande bocca, un torrone non è una grande torre.

C. Qual è la principale differenza fra il pesce chiamato sarda e la sardella? Tra il toro e il torello? Tra polli, pollastrini, pollastrelli e pollacci?

Altri suffissi:
  a. alterato diminutivo (piccolo): *-ino, -ello, -etto*
  b. alterato vezzeggiativo (grazioso, simpatico,ecc.): *-uccio*
  c. alterato peggiorativo (spregevole, incapace, cattivo, brutto): *-accio*

Trovate nel brano altri cognomi animaleschi con suffissi, e spiegatene il significato.

D. Per le seguenti parole date un'altra parola italiana equivalente che potrebbe essere usata nello stesso contesto del brano:

1. campionario 2. esaurisce 3. spirato 4. squisita 5. volatile
6. avvistato 7. appellativo 8. carino

E. Date l'articolo determinativo per le seguenti parole:

1. scrittore 2. autore 3. poeta 4. scandali 5. elefante 6. pesce
7. moscone 8. insetti 9. piazze 10. latte 11. carne 12. strage
13. fattoria 14. zoo 15. mobile 16. cani 17. uomini 18. elenchi

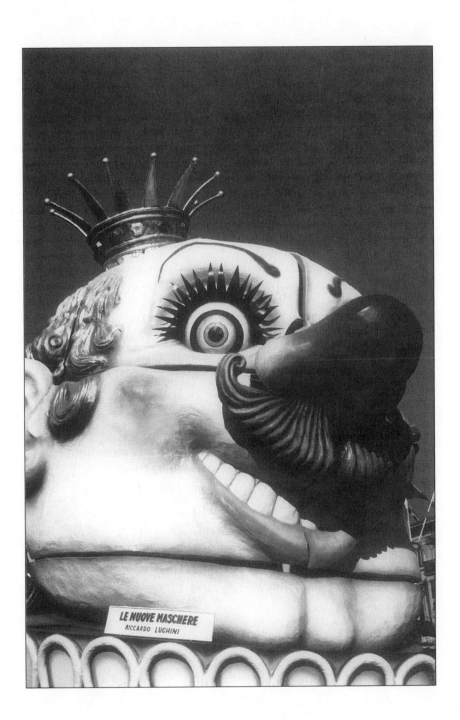

LE NUOVE MASCHERE
RICCARDO LUCHINI

2. IL CARNEVALE DI VIAREGGIO

1. Le origini del Carnevale.

Tra le feste italiane più note spicca il Carnevale, le cui celebrazioni durano un mese circa, tra gennaio a febbraio, cioè nel periodo che precede la Quaresima.* Nel Carnevale, le cui radici risalgono alla civiltà greca e romana, convivono reminiscenze di riti pagani agrari, di fecondità, di rinnovamento della vita. Durante i Saturnali romani, celebrazione per l'inizio dell'anno agricolo, venivano capovolte* certe norme sociali, come è ancora evidente nel Carnevale moderno. Per il mondo cattolico, il Carnevale è la festa che precede il digiuno* della Quaresima, il periodo che culmina nella Pasqua, la resurrezione del Cristo. La parola Carnevale potrebbe quindi risalire al latino carnem levare,* cioè al divieto* della Chiesa di mangiare carne durante la Quaresima. Fin dalle sue origini medioevali, il Carnevale è la festa degli eccessi, della licenza di trasgredire* alle regole che governano la vita quotidiana: licenza di godere cibo, bevande e amore; licenza di capovolgere le gerarchie del potere, di dare la possibilità a chi si trova in basso di trovarsi in alto; licenza di burlarsi* dell'ordine e del potere. Il Carnevale, insomma, è una valvola di sicurezza tollerata dalle autorità in quanto è uno sfogo* limitato nel tempo. "A Carnevale," si dice, "ogni scherzo vale."*

2. I Carnevali più importanti in Italia.

In Italia, e forse in Europa, le festività più elaborate si possono trovare a Venezia e a Viareggio, una cittadina sulla costa toscana. Mentre a Venezia il Carnevale si caratterizza per lo sfarzo* dei costumi settecenteschi e delle

---

Quaresima = Lent; *capovolgere* = to turn upside down (*capovolto*); *digiuno* = fast; *divieto* = prohibition; *trasgredire* = to transgress; *burlarsi* = to poke fun; *sfogo* = outlet; *"ogni scherzo vale"* = anything goes (any joke is fine); *sfarzo* = pomp

maschere artigianali che vengono fatte anche su ordinazione (e a prezzi non accessibili per tutti), a Viareggio sono i carri* allegorici e satirici al centro dell'attenzione. Celebrato per la prima volta nel 1873, quello di Viareggio è il Carnevale più antico d'Europa.

3. La preparazione dei carri allegorici del Carnevale di Viareggio.

Le preparazioni per i carri cominciano almeno con sei mesi di anticipo. L'idea per un carro viene spesso proposta da uno specialista nell'arte dei carri, che poi si fa aiutare nella realizzazione da una bottega* che include tappezzieri,* pittori,* decoratori e artigiani vari. Si elaborano prima bozzetti,* studiando sui modellini i meccanismi interni del carro. Poi si costruisce un telaio,* spesso in legno o in metallo, facendo attenzione ad equilibrare bene il peso notevole della "scena" del carro. Dopo vengono fatti gli "scheletri" delle varie parti, curando in particolare quelle movibili. Il materiale di rivestimento* è carta di giornale incollata con la farina, cioè la cartapesta.* Una volta dipinta* la scena, il carro, di solito di dimensioni enormi (anche grandi come una casa a tre piani), è pronto per essere riempito di orchestrine, reginette di bellezza, personaggi celebri ed altra gente in costume, secondo il tema del carro. A volte è presente un *cast* di oltre cinquanta personaggi.

4. Qualche tema dei carri allegorici.

Dagli anni Sessanta i carri propongono soprattutto temi politici e di attualità,* e più di una volta hanno suscitato polemiche e censure per l'asprezza* della loro satira. Qualche anno fa le proteste dell'ambasciata libica impedirono* che sfilasse* un carro sul quale era raffigurato Gheddafi.* Ultimamente i fans di Michael Jackson hanno contestato un carro che prendeva in giro le tante operazioni chirurgiche* subite* in nome della bellezza da quest'idolo della canzone popolare.

Citiamo alcuni tra i carri che hanno trionfato nelle ultime manifestazioni: "L'impero del male" con Stalin all'inferno, tanti piccoli Gorbaciov che sembravano in purgatorio, sovrastati da un gruppo di esponenti politici occidentali, e in alto, al centro, un sorridente Reagan in costume angelico; "I vampiri," in cui un enorme diavolo abbraccia tanti piccoli vampiri (si riconoscono noti personaggi politici italiani) che si nutrono*

---

carro = float; *bottega* = workshop; *tappezziere* = upholsterer; *pittore* = painter; *bozzetto* = sketch; *telaio* = frame; *materiale di rivestimento* = external covering; *cartapesta* = papier mâché; *dipinto* = painted (*dipingere*); *attualità* = current events; *asprezza* = harshness; *impedire* = to impede, to prevent; *sfilare* = to parade; *Gheddafi* = Muammar el Gheddafi, Lybian strongman; *chirurgico* = surgical; *subito* = undergone (*subire*); *nutrirsi* = to feed

del "sangue" degli italiani; "Terremoto," che prende in giro gli scandali politici dell'Italia; "Italia fai da te," in cui il capo della Lega,* Bossi,* facendo con una mano un gesto volgare, con l'altra "sega"* a pezzi l' Italia. Altri carri prendevano in giro personaggi politici italiani che scompaiono dalla scena per ricomparire poco dopo, "riciclati": se ne riconoscevano le teste che, incastrate in gigantesche tazze di gabinetto,* "scomparivano" quando si azionava la catenella per far scorrere l'acqua. Non mancano poi i temi di attualità: la necessità di salvaguardare l'ambiente* per assicurare la sopravvivenza del nostro pianeta. L'umorismo puro, certe volte grottesco, costituisce un altro tema. Ne è memorabile esempio il carro con un'enorme aragosta* pronta a divorare un piatto con dentro un uomo impaurito. Applauditissimi sono i carri che si aprono per rivelare sorprese, come quello raffigurante una gigantesca testa che si scomponeva* mostrando all'interno file su file di maschere.

5. Altre attività del Carnevale.

Non sono solo i carri a richiamare l'afflusso* di gente a Viareggio. Ci sono altre attività che cambiano di anno in anno. Ad esempio, in una manifestazione recente del Carnevale, per il giorno di apertura era stata imbandita* sul lungomare una tavola per duemila ospiti lunga un chilometro. Per meno di ventimila lire si potevano gustare due varietà di risotto,* un ottimo caciucco (zuppa di pesce), panettone, biscotti tipici, tutto innaffiato* da vino a volontà,* e vin santo* alla fine del pranzo. D'altro canto, dopo la sfilata* dei costumi riservata ai partecipanti provenienti da tutta l'Europa, c'è la tradizionale sfilata generale, con battaglie di coriandoli,* stelle filanti,* trombe, fischietti* e musica, il tutto fatto con gusto e ordine, tenendo conto della presenza di moltissimi bambini. Fra i travestimenti più "di moda" negli ultimi anni citiamo "il prete," "la suora"* e "il cardinale," oltre al più banale "Rambo" con muscolatura in gommapiuma,* "Zorro" e le tartarughe "Ninja." In alcune manifestazioni del Carnevale a Viareggio, ogni rione* di questa città festeggia un suo personale ed animatissimo Carnevale. Anche se non propongono gli eccessi sfrenati* dei Carnevali di Rio de Janeiro o di New Orleans, che del resto non piacciono a tutti, il Carnevale di Viareggio o di Venezia sono occasioni da non perdere per partecipare ad una grande festività italiana.

---

la Lega = partito politico italiano; Bossi = Umberto Bossi, capo della Lega; segare = to saw; tazze di gabinetto = toilet bowls; ambiente = environment; aragosta = lobster; scomporsi = to open up into component parts; afflusso = crowd; imbandita = set (a table); risotto = rice-based dish; innaffiato = washed down; a volontà = unlimited; vin santo = sweet dessert wine; sfilata = parade; coriandoli = confetti; stelle filanti = streamers; fischietto = whistle; suora = nun; gommapiuma = foam rubber; rione = neighbourhood, quarter; sfrenato = unbridled, wild

I. Rispondete alle seguenti domande:

1. Quali sono le radici del Carnevale?
2. Che cos'è il Carnevale?
3. In che senso il Carnevale è una festa degli eccessi?
4. Qual è una funzione di questa festività?
5. Qual è la differenza tra il Carnevale di Viareggio e quello di Venezia?
6. Descrivete la costruzione di un carro.
7. Quali sono i temi più frequenti dei carri allegorici? Perché ci possono essere problemi per i temi dei carri?
8. Quali sono alcune attività del Carnevale che richiamano il pubblico?

II. Proposte per elaborazioni orali o scritte.

A. Usando soprattutto il passato prossimo, l'imperfetto e il presente in-dicativo, descrivete una festa, una celebrazione o un rituale di vostra conoscenza a cui voi avete assistito (anche per televisione). La festa (o celebrazione, rituale, ecc.) potrebbe essere religiosa, nazionale, spor-tiva, ecc., comunque organizzata (cioè non spontanea), e con aspetti simbolici. Indicate quali sono gli aspetti simbolici, cosa rappresentano e la loro importanza. Cosa rispecchiano o dicono dei partecipanti?

B. Narrate al passato le avventure al Carnevale di Viareggio di una per-sona che conoscete o da voi inventata. Vi suggeriamo lo schema seguente:

1. Che cosa è successo? 2. Quando? 3. Dove? 4. Perché? 5. Che cosa ha deciso di fare questa persona? 6. Che cosa ha provato? (Per-ché?) 7. Altri personaggi? (Che cosa hanno fatto?) 8. Com'è finita?

III. Esercizi.

A. Scrivete l'equivalente in inglese di queste frasi prese dal capitolo. Ri-cordate che il *si* non indica sempre il passivo.
   1. Venivano capovolte alcune norme sociali.
   2. Le maschere vengono fatte anche su ordinazione.
   3. Si elaborano prima i bozzetti.
   4. Per il giorno di apertura era stata imbandita una lunga tavola sul lungomare.
   5. Si burla di me.
   6. Si apprestava a divorare il piatto.

B. Indicate il vocabolo estraneo alla serie:

    1. celebrazione/festività/rito/Saturnali/sfogo
    2. tappezziere/artigiano/bottega/pittore/decoratore
    3. metallo/legno/telaio/cartapesta/gommapiuma

C. Volgete al singolare o al plurale (al contrario della forma data):

    1. l'inizio dell'anno 2. la norma sociale 3. le sue origini medioevali
    4. i costumi settecenteschi 5. le maschere artigianali 6. i carri alle-
    gorici 7. i temi politici 8. la tradizionale sfilata

D. Volgete al plurale:
    1. quel Carnevale 2. quell'eccesso 3. quel potere 4. quello scherzo
    5. quella sfilata 6. quell'ambasciata 7. quel prete 8. quell'artigiano

E. Cambiate i verbi al presente alla forma corrispondente del passato
    prossimo o dell'imperfetto, secondo il contesto:

Alla fine di gennaio vado a Viareggio. È la prima volta che vedo il
famoso Carnevale, e per ciò voglio trovare una stanza in un buon albergo. I miei amici mi dicono che ne conoscono uno vicino al lungomare. Non costa molto. È piccolo, elegante e i proprietari sono sempre
gentili.

             * * * * * * * *

Arrivo la mattina presto. Prendo la stanza in albergo, mi cambio ed
esco per vedere la sfilata dei carri. Per le strade c'è molta gente in costume che si tira coriandoli. Mentre passeggio incontro Giansiro, un
mio collega d'ufficio che è a Viareggio con la famiglia. I suoi due figli,
che hanno sette e dodici anni, sono vestiti da fatina e da Rambo. Poiché sono già le due, abbiamo fame e decidiamo di cercare un ristorante. Sappiamo che a Viareggio durante il Carnevale i ristoranti sono
spesso cari e il cibo piuttosto mediocre. Volendo spendere poco, sce-
gliamo quindi un bar, dove ci accontentiamo di un panino e una birra.

3. IL PRESEPE

1. Le origini del presepe.

L'uso del presepe, la rappresentazione della natività del Cristo attraverso figure di legno o di terracotta, ma anche dal vivo, si dice risalga* a San Francesco. Nel 1223 egli avrebbe ricreato la scena con la mangiatoia,* il bue, l'asinello e la Sacra famiglia. L'uso del presepe si estese presto in tutta la penisola italiana e anche altrove, specialmente in Spagna e in Austria. Tra i primi artisti a cimentarsi* nell'esecuzione della scena della natività ricordiamo lo scultore Arnolfo di Cambio (?–1301), il cui presepe in pietra si trova a Santa Maria Maggiore a Roma, e Nicola Pisano (1205–1278?), che eseguì la scena sul pulpito nel duomo di Siena. Risalgono invece alla fine del Quattrocento e ai primi del Cinquecento esempi di presepi veri e propri con la Natività completa di angeli e di figure adoranti. Durante il Rinascimento si distinguono due metodi di costruzione: al nord si usa prevalentemente il legno, mentre al sud si preferisce la terracotta.

2. I pastori del presepe napoletano.

Sebbene si fossero sviluppate tradizioni ben distinte in diverse regioni della penisola, è a Napoli che, verso la fine del Seicento, trionfa l'arte del presepe. Per oltre un secolo il presepe stimola la creatività di artisti di varia provenienza – pittori, scultori, architetti, sarti, musicisti – fino ai primi decenni dell'Ottocento, quando comincia la decadenza per mancanza di innovazioni nelle scene e nei personaggi. Spesso sono artisti rinomati* a fare le teste di terracotta dei pastori (così vengono chiamate le figure, alte 30–40 centimetri), mentre le altre operazioni di rifinimento*

---

risalire = to go back to; *mangiatoia* = manger; *cimentarsi* = to attempt; *rinomato* = reknown; *rifinimento* = finishing

vengono affidate* alla bottega. C'è chi si specializza in mani e piedi, chi monta i pezzi sul manichino di stoffa e fil di ferro,* e chi si occupa di preparare, usando vari tessuti, i costumi in ogni dettaglio. Tra i più grandi artisti napoletani che crearono raffinatissimi* pastori, vere e proprie opere d'arte, ricordiamo Giuseppe Sammartino (1720–1793), scultore conosciuto anche per il suo Cristo velato,* scultura in marmo raffigurante il Cristo morto coperto da un velo sotto il quale traspariscono* le fattezze* del corpo.

3. La scenografia del presepe napoletano.

Il presepe napoletano si distingue soprattutto per il minor interesse dedicato alla scena della Natività rispetto alla vitalità, varietà e al realismo delle scene di vivace vita popolare napoletana in cui si scatena* la fantasia degli artisti. Alla tranquillità del paesaggio tradizionale si sostituisce un tormentato sfondo* meridionale montagnoso, con balze,* dirupi* e una gola* traversata da un ponte sotto il quale scende a cascate un torrente.* Le piante sono tipicamente mediterranee. Alcuni studiosi hanno pensato di riconoscere in questo sfondo certi scorci* della vicina costiera amalfitana.* Alla grotta dove cercò rifugio la Sacra famiglia viene solitamente sostituito un rudere* di tempio pagano; case ricche di particolari, mezzo rovinate,* con pergolati* e balconi, ne completano l'elemento architettonico. In alcuni presepi si trovano scene in cui si possono addirittura riconoscere varie piazze di Napoli.

4. Il realismo del presepe napoletano.

Nelle scene di vita popolare ci sono normalmente le osterie, le botteghe, i mercati, le fontane, esempi di vita rustica, la tarantella,* la serenata,* le cucine, i carretti;* nella processione dei Re magi domina un gusto esotico, con personaggi turchi e arabi in costumi sfarzosi.* Nel presepe napoletano si possono trovare falegnami,* arrotini,* castagnari,* acquai,* gli zingari,* ciechi,* storpi:* tutti personaggi della realtà cittadina che contrastano con la ricchezza della carovana dei Re magi. Nella fantasia napoletana, la

---

affidare = to entrust; *fil di ferro* = wire; *raffinatissimo* = exquisite; *velato* = veiled; *trasparire* = to appear through; *fattezze* = features; *scatenarsi* = to give free rein; *sfondo* = background; *balza* = crag; *dirupo* = ravine; *gola* = gorge; *torrente* = stream; *scorcio* = part; *costiera amalfitana* = Amalfi coast; *rudere* = ruin; *rovinato* = ruined; *pergolato* = arbour; *tarantella* = *ballo caratteristico dell'Italia meridionale*; *serenata* = serenade; *carretto* = vending cart; *sfarzoso* = ostentatiously elegant; *falegname* = carpenter; *arrotino* = knife-grinder; *castagnaro* = chestnut vendor; *acquaio* = water vendor; *zingaro* = gypsy; *cieco* = blind; *storpio* = cripple

nascita di Gesù si festeggia nell'abbondanza, in contrasto con la povertà della popolazione. Si nota subito cibo di ogni specie: carni in quasi ogni taglio immaginabile, salsicce, banchi pieni di pesce, cesti* di frutta, formaggi; insomma, tutti gli alimenti sognati dal popolino. E poi gli accessori: argenteria,* vasellame,* gioielli che venivano creati da artisti specializzati. Il tutto veniva poi affidato* all'allestimento* da parte di pittori e architetti.

5. La fortuna del presepe: da passatempo ad arte.

La grande fortuna del presepe napoletano è in parte da attribuire ai sovrani di Napoli, i quali si divertivano a costruire i loro presepi (le regine spesso si occupavano di fare i costumi). Una volta cominciata dai reali la moda di allestire enormi presepi nei saloni importanti delle reggie,* si diffuse* la tradizione tra l'aristocrazia e anche tra la borghesia, e la richiesta di pastori che ne scaturì* tenne occupato un gran numero di artisti e botteghe. Che il valore artistico del presepe napoletano viene riconosciuto è comprovato* dalla sua presenza in alcuni dei maggiori musei del mondo, tra i quali il Metropolitan di New York.

PER SAPERNE DI PIÙ

Borrelli, Gennaro. *Il presepe napoletano*. Roma: Banco di Roma, 1970.
– *Scenografie e scene del presepe napoletano*. Napoli: Pironti, 1991.
Mancini, Franco. *Il presepe napoletano*. Napoli: Società Editrice Napoletana, 1981.

I. Rispondete alle seguenti domande:

1. Che cosa è un presepe?
2. Chi avrebbe creato il primo presepe?
3. Quando e dove diventa importante il presepe?
4. Quali sono alcune caratteristiche del presepe napoletano?
5. Descrivete la scenografia di un presepe napoletano e ciò che vi si può trovare.
6. Com'è diversa la scena presentata dal presepe napoletano dalla realtà della Napoli del Settecento?
7. Perchè si può dire che alcuni presepi sono vere e proprie opere d'arte?

---

cesto = basket; *argenteria* = silverware; *vasellame* = crockery, dishes; *affidato* = entrusted; *allestimento* = staging; *reggia* = royal palace; *diffondersi* = to spread; *scaturire* = to result; *comprovare* = to prove

II. Proposte per elaborazioni orali o scritte.

A. In molte culture esistono rappresentazioni che ricreano un evento importante. Descrivetene una (lo sfondo, i personaggi, cosa succede) indicandone anche la funzione. Questa rappresentazione simbolica può essere nell'ambito religioso, politico, sportivo, accademico ecc.
B. Negli ultimi anni si sono accese polemiche per il collocamento su suolo pubblico di simboli religiosi come il presepe. Secondo alcuni, l'usanza dovrebbe essere vietata. Siete d'accordo? Difendete il punto di vista *contrario* al vostro e preparate un dibattito da presentare in classe.

III. Esercizi.

A. Dal participio presente del verbo si ha spesso un aggettivo (o nome). Per esempio nel capitolo si trovano: (dal verbo adorare) adorante (figure adoranti); (dal verbo raffigurare) raffigurante (una scultura raffigurante il Cristo). Sia i verbi regolari in *-ere* che quelli in *-ire* usano *-ente*: perdere → perdente, uscire → uscente.

   Date il participio presente dei verbi elencati e usateli come nomi o aggettivi nel contesto di una frase:

   1. vincere 2. credere 3. assistere 4. parlare 5. sorridere 6. divertir
   7. ricorrere 8. fuggire

B. Date l'equivalente in inglese, facendo attenzione nelle seguenti parole all'uso del condizionale composto, del periodo ipotetico (condizionale + *se* seguito dal congiuntivo) e del pronome *chi*:

   1. San Francesco avrebbe ricreato la scena della nascita del Cristo.
   2. Sebbene si fossero sviluppate tradizioni diverse, l'arte del presepe trionfa a Napoli verso la fine del Seicento.
   3. C'è chi si specializza in mani e piedi, chi monta i pezzi sul manichino, chi si occupa di fare i costumi.

C. Eliminate il vocabolo che non appartiene alla serie:

   1. terracotta/stoffa/fil di ferro/marmo/torrente
   2. argenteria/osteria/cascate/vasellame/cibo
   3. allestire/scatenare/costruire/ricreare/eseguire

D. Ricordate che la coniugazione passiva corrisponde interamente a quella del verbo *essere* seguita dal participio passato del verbo che si vuole coniugare. Il tempo e il modo di qualsiasi forma passiva corrispondono al tempo e al modo dell'ausiliare *essere*. Volgete al passivo le seguenti frasi:

esempio: Il presepe ha stimolato la creatività di molti artisti.
           La creatività di molti artisti è stata stimolata dal presepe.

1. San Francesco ha fatto il primo presepe.
2. Il maestro ha affidato le operazioni di rifinimento alla bottega.
3. I bambini compreranno dei nuovi pastori.
4. La popolazione festeggiava la nascita del Cristo.
5. I reali napoletani hanno cominciato la moda di allestire enormi presepi.
6. Il Sammartino avrebbe creato opere d'arte di notevole valore.

4. MANGIARE ALL'ITALIANA

1. Gli ingredienti più importanti.

La cucina di un paese, con tutti i suoi riti, e cioè il procurarsi gli ingredienti e l'origine di questi, la preparazione dei singoli piatti, il loro ordine e la loro consumazione durante il pasto, è anche lo specchio di un popolo, della sua storia, delle sue tradizioni. L'Italia, per molti secoli povera, con scarse risorse, ha alle origini una cucina che fa uso degli ingredienti più umili, che però si trovano in abbondanza nel territorio della penisola: il frumento, da cui si produce la farina* per la pasta e il pane, il riso, le verdure e gli ortaggi,* l'olio d'oliva, il pesce nelle zone costiere. La carne in Italia, fino a tempi abbastanza recenti, veniva generalmente consumata solo nei giorni di festa o in piccole porzioni poche volte alla settimana, soprattutto per insaporire* altri piatti.

2. Il pasto.

In Nord America è comune identificare la cucina italiana con la pasta e la pizza, entrambe a base di un impasto* di farina lavorato in diversi modi e forme, e condito* in modi sia semplici che fantasiosi. Tali piatti, però, provengono soprattutto dalle popolazioni italiane emigrate in America dal meridione* d'Italia. Sono pochi, infatti, gli americani e i canadesi che riconoscono nei piatti a base di riso un uso comune italiano, soprattutto settentrionale. E quanti americani sono rimasti delusi e forse un tantino imbarazzati cercando di ordinare gli spaghetti con le polpette* in un ristorante in Italia? Questo è un piatto che forse potrebbe essere italiano, ma non lo è, così come il *chow mein* americano non è un piatto cinese, ma

---

farina = flour; *ortaggio* = vegetable; *insaporire* = to flavour; *impasto* = paste; *condito* = condimented, flavoured; *meridione* = south; *polpetta* = meatball

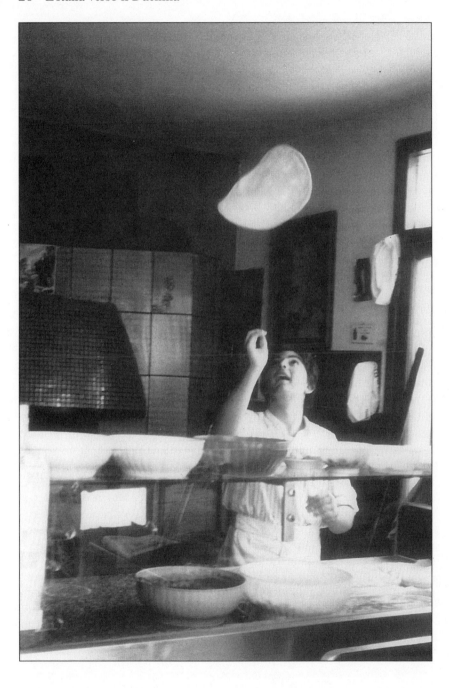

lo potrebbe essere facilmente. E quanti americani hanno pensato di ordinare, in un ristorante in Italia, un piatto di spaghetti convinti di ricevere una porzione esagerata da *spaghetti dinner* come si usa in America? Fatto sta che in Italia, il piatto a base di riso o di pasta viene consumato all'inizio di un pasto, come prima portata. È seguito da un secondo piatto comunemente a base di carne, pollo o pesce – quello che in America viene chiamato alla francese *entrée* – accompagnato di solito da un piatto più piccolo in cui vengono serviti uno o più contorni di verdure, ortaggi, patate o insalata. A differenza di molti "contorni" che troviamo sullo stesso piatto della pietanza* in America, i contorni in Italia sono quasi sempre serviti a parte, sono freschi e hanno una preparazione curata. I peperoni ripieni o la parmigiana di melanzane, ad esempio, in Italia sono contorni e non sono intesi come la portata principale di un pasto. Molto curati sono anche gli antipasti, cioè le vivande che vengono servite, di solito in piccole porzioni, all'inizio del pasto. Come antipasti si possono trovare, a seconda della regione, assaggi di salumi, insaccati* e latticini* locali, primizie* conservate nell'olio o condite in maniere diverse, insalate di frutti di mare, carne cruda affettata sottilmente e condita (carpaccio), crostini (tra i più famosi quelli fiorentini, fettine di pane con una impasto a base di fegatini* di pollo) o bruschette, fette di pane abbrustolite condite in vari modi, spesso con olio, pomodoro, aglio, origano, basilico, pepe e filetti di alici* marinate. In Italia è più comune che il pasto finisca con la frutta invece del dolce. La scelta del dolce è quasi sempre più limitata che nei ristornati americani, anche perché gli italiani spesso preferiscono consumare dolci (paste, gelati, fette di torta) nei moltissimi bar, pasticcerie e gelaterie che si trovano nelle città.

In che modo bisogna ordinare in un ristorante italiano? Sarebbe piuttosto inaccettabile mangiare solamente un piatto di spaghetti o forse solo un'insalata, dovendo fare attenzione alla linea.* Di solito ci si aspetta che il cliente ordini un antipasto o un primo piatto – a volte entrambi – seguito da un secondo piatto e contorno, e una bevanda.

3. Le bevande.

È rarissimo che un ristorante italiano offra un cocktail all'inizio di un pasto. La bevanda superalcolica infatti rende meno sensibile il palato al gusto del cibo. Nel tardo pomeriggio, invece, è abbastanza diffusa* l'u-

---

pietanza = main dish, main course; *insaccato* = cured sausage; *latticino* = cheese; *primizia* = early vegetable, first of the season; *fegatino* = liver; *alice* = fresh anchovy; *linea* = figure, bodily appearance; *diffuso* = widespread

sanza dell'aperitivo, spesso una piccola dose di bevanda alcolica a base di infusi* di erbe aromatiche (Vermouth, Campari, ecc.) che può venire allungata* con seltz. Con i pasti si consuma acqua minerale (gassata o naturale), e i camerieri nei ristoranti italiani si aspettano che venga ordinata dal cliente. Se si è contrari a pagare l'acqua, si può sempre richiedere una caraffa di acqua dal rubinetto,* o acqua "semplice," ma tale richiesta a volte sembra non venga accolta con piacere dal cameriere. Perché tanto uso di acqua minerale? Alcuni pensano che abbia un effetto salutare* (le etichette* sono sempre piene di dichiarazioni dei medici), ma è noto che in Italia l'acqua del rubinetto è poco rinfrescante e si fa scarso uso di ghiaccio. Il vino, molto più a buon mercato che nei ristoranti americani, specialmente se locale o "di casa," è l'altra bevanda preferita durante i pasti. È abbastanza diffusa l'usanza di "tagliarlo" con dell'acqua minerale per non farlo andare alla testa, e in Italia ci si abitua da giovani a farne uso in modiche* quantità durante i pasti. Gli italiani bevono poco latte, perciò è rarissimo vedere al ristorante un bicchiere di latte, anche davanti ai bambini. Alla fine del pasto, c'è il digestivo o l'amaro, una piccola dose di liquore di solito a base di erbe aromatiche, di gusto dolce-amaro o solo amaro che dovrebbe facilitare la digestione.

4. Come si legge il conto di un ristorante italiano.

Come si legge il conto di un ristorante in Italia? Prima di tutto bisogna assicurarsi che sia indicato sullo scontrino* stampato il numero di partita IVA* (imposta valore aggiunto), una tassa che va allo Stato. È responsabilità del cliente avere o richiedere la sopraddetta ricevuta fiscale,* che indica che il gestore* del locale* dichiara i suoi guadagni e paga le tasse. Lasciando il ristorante senza ricevuta fiscale, si può essere soggetti a una multa.* Sul conto, di solito la prima cifra* è sotto "pane e coperto," che può essere un minimo di mille lire (due-tremila lire è normale), ma anche di più nei ristoranti di lusso. Il coperto si riferisce soprattutto alla spesa di lavare tovaglioli e tovaglie, che vengono usati in abbondanza e che sono sempre di stoffa tranne che nei più umili ristoranti. Il pane fresco in Italia è molto importante durante il pasto; infatti si dice che l'italiano non può mangiare senza pane. Vengono poi elencati* i piatti ordinati, seguiti dalla voce* "servizio." Questo di solito viene indicato con una percentuale

---

infuso = infusion; *allungato* = diluted; *rubinetto* = faucet; *salutare* = healthy; *etichetta* = label; *modica* = moderate; *scontrino* = receipt; *partita IVA* = value-added tax entry; *ricevuta fiscale* = a receipt indicating that a business declares earnings for tax purposes; *gestore* = management; *locale* = business; *multa* = fine; *cifra* = amount; *elencato* = listed; *voce* = heading

(10%, 12%, 15%) e viene addizionato, ma a volte può non essere incluso. A meno che non sia esplicitamente indicato "servizio incluso" non significa che si è esenti* dal lasciare qualcosa: sarebbe accettabile lasciare un minimo che va dal 12 al 15% del conto. In ogni caso bisogna sempre lasciare una piccola mancia al cameriere oltre alla percentuale indicata sul conto, sempre che il servizio non sia proprio scadente.* Negli ultimi anni comincia a diffondersi l'usanza (applaudita da molti clienti) di includere il coperto e il servizio nei prezzi del menù.

5. Nuovi gusti.

Come sappiamo, il pasto più importante per gli italiani, il pranzo, ha luogo intorno all'una del pomeriggio ed è di solito il più abbondante della giornata. I ristoranti, quindi, non offrono menù limitati, pasti leggeri a costi contenuti come si fa in America. La sera si cena normalmente non prima delle otto, e la mattina si mangia poco, caffellatte, anche per i bambini, biscotti, pane fresco, burro e marmellata. L'uso delle merende* a basso valore nutritivo, i *junk foods*, è in aumento, ma non si è ancora raggiunto il livello di consumo americano. Bisognerebbe aggiungere che la moda del "mordi e fuggi,"* del fast food americano, ha un buon successo, soprattutto fra i giovani. In tutte le maggiori città, ma anche in molti centri minori, spuntano* le insegne* di paninerie come Burghy, MacBurgher e altre versioni italiane della nota catena McDonald's, di cui ci sono pochi punti di vendita. Il menù, nonché l'arredo,* è quello che ben conosciamo: hamburger (dagli spregiatori* chiamati polpette americane), patatine fritte, milkshakes, croccantini di pollo, tutto consumato con le mani in un ambiente* cromato, plastificato, dai colori sgargianti,* con tavoli e sedie fissati ai pavimenti, gli avventori* in scarpe Timberland, jeans, magliette polo e occhiali da sole Ray Ban. Si direbbe di essere negli Stati Uniti! Inutile dire che molti italiani sono contrari a questa moda. In primo luogo, il pasto in Italia viene gustato con calma, tra il piacere della conversazione. In secondo luogo c'è chi considera la perdita di tradizioni culturali uno sviluppo negativo. E poi ci sono obbiezioni note anche in America: il discutibile valore nutritivo del fast food e l'inquinamento* ambientale provocato dall'uso eccessivo di contenitori di carta e di plastica, specialmente nelle immediate vicinanze dell'esercizio.* Ma quanti non vorrebbero vedere spuntare, nei centri storici di maggiore affluenza turistica, le

---

esente = exempted; *scadente* = poor; *merenda* = snack; *mordi e fuggi* = literally, "bite and flee" (eat and run); *spuntare* = to appear; *insegna* = sign; *arredo* = furnishings; *spregiatore* = scornful; *ambiente* = environment; *sgargiante* = gaudy; *avventore* = client; *inquinamento* = pollution; *esercizio* = business

arcate al neon di una nota catena, casomai* sulla facciata di un palazzo rinascimentale? Bisognerebbe aggiungere che, essendo il costo della carne piuttosto elevato in Italia, il fast food non propone* i costi contenuti che contribuiscono alla sua popolarità in America.

6. La pizza.

È impossibile parlare dell'alimentazione degli italiani senza menzionare la pizza. Bisogna dire che nel 1989, prima che ricorressero* le più note celebrazioni colombiane e quelle per il cinquecentenario della morte di Lorenzo il Magnifico e di Piero della Francesca, genio della pittura rinascimentale, veniva celebrato il centenario della pizza Margherita, indubbiamente la pizza più conosciuta in Italia. Si dice che la regina Margherita abbia ordinato nel 1889 a Napoli una pizza preparata apposta per lei in suo onore con il tricolore. La pizza era stata condita con pomodoro, olio d'oliva, mozzarella di bufala* e basilico, il verde, bianco e rosso della bandiera italiana.

Per gustare una pizza autentica, bisognerebbe andare a Napoli o nella zona circostante. La vera pizza, infatti, va cotta in pochi minuti in un forno a legna. La pasta viene preparata con un pezzetto lievitato,* conservato dalla pasta del giorno prima (la tecnica che in America viene chiamata *sourdough*), e poi condita in vari modi, soprattutto con il condimento della Margherita. Comunque sia ottima la pizza americana, quella napoletana non sarà mai altrettanto stracolma* di condimenti, perché il peso non consentirebbe* una corretta infornatura.* Per questo sarebbe impossibile la combinazione di carne macinata – hamburger – e uova, pezzo forte di alcune pizzerie americane. La pizza in tegame* venduta al pezzo o a peso si può trovare dovunque in Italia, specialmente nelle grandi città turistiche dove alcune combinazioni di ingredienti sono indirizzate al palato straniero. Anche se in Italia si trovano pizzerie con il forno a legno, spesso con pizzaiolo napoletano, il quale, se bravo, può fare arrivare a tavola cinque-sei pizze in dieci minuti, è difficile trovare un ingrediente autentico come la mozzarella di bufala, ingrediente che distingue la "vera" pizza. È opportuno aggiungere che molte regioni hanno un piatto tipo "pizza," cioè pasta stesa,* condita e cotta in un forno, ma la maggior parte degli italiani riconoscerà nella pizza napoletana quella più auten-

---

casomai = perhaps; *proporre* = to propose; *ricorrere* = to happen, to fall; *bufala* = water buffalo; *lievitato* = leavened; *stracolmo* = overpacked; *consentire* = to allow; *infornatura* = sliding the pizza into the oven; *tegame* = pan; *steso* = rolled out

tica. Infine, la pizza è soprattutto consumata di sera, in quanto considerata più leggera di ciò che abitualmente si mangia durante il pranzo. Piatto di rapida preparazione, la pizza è il contributo italiano al pasto rapido, al fast food, ma con accezione* positiva.

7. L'alimentazione di una società più prospera.

Con lo sviluppo di una società più prospera, cambia anche la dieta. In Italia aumenta quindi il consumo della carne, che veniva mangiata in quantità modiche e spesso solo per dar sapore a certi piatti. Per far fronte* alla richiesta, l'Italia importa carne dall'Europa e dall'America del Sud. Aumenta anche il consumo del pesce, specialmente delle qualità più pregiate. Anche in questo caso, l'importazione è notevole, perché il Mediterraneo, mare piccolo e chiuso, è una risorsa sfruttata* al limite. Negli ultimi anni il governo italiano ha posto il divieto* di pesca su alcuni tratti costieri per favorire il ripopolamento delle acque. Essendo altissima la richiesta per la carne e il pesce, il prezzo di questi due alimenti è elevato, anche se sono pochi gli italiani che fanno a meno di mangiare carne a 25-30.000 lire al chilo, vongole* per gli spaghetti a più di 30.000 lire al chilo, o prosciutto a 40.000 lire al chilo (ma anche a 60.000 e più). La cosiddetta dieta mediterranea, consigliata da molti medici perché povera di grassi animali e ricca di pasta e carboidrati in generale, di verdure, ortaggi, frutta e olio d'oliva, cede posto alla superalimentazione carica di proteine animali e di grassi tipica dei paesi più sviluppati.

I. Rispondete alle seguenti domande:

1. Cosa può riflettere la tradizione culinaria di un paese? Date qualche esempio concreto per quanto riguarda l'Italia.
2. Quali sono alcuni esempi di come viene spesso concepita la cucina italiana negli Stati Uniti o in Canada?
3. Descrivete la composizione di un pasto in Italia.
4. Quali sono alcune differenze tra un pasto italiano e un pasto nel vostro paese?
5. Cosa si beve a tavola in Italia?
6. A che cosa serve la ricevuta fiscale?
7. Che cos'è il coperto?

---

accezione = *significato*; *far fronte* = to face; *pregiato* = prized; *sfruttato* = exploited; *divieto* = prohibition; *divieto di pesca* = no fishing; *vongola* = clam

8. Quanto bisognerebbe lasciare a fine pasto in un ristorante italiano?
9. Descrivete la moda del "mordi e fuggi" in Italia.
10. Che posto ha la pizza nell'alimentazione degli italiani?
11. Riassumete alcuni cambiamenti nell'alimentazione degli italiani.

II. Proposte per elaborazioni orali o scritte.

A. Usando esempi concreti, indicate come la tradizione culinaria del vostro paese riflette aspetti della sua cultura, storia o realtà quotidiana. Fate uso del congiuntivo per esprimere le vostre opinioni, usando espressioni tipo: mi sembra che, ho l'impressione che, mi pare che, ecc.

B. Descrivete un pasto italiano da voi consumato negli Stati Uniti o in Canada. Era cucina italiana autentica? Nella vostra narrazione, fate uso dell'imperfetto, del passato prossimo e del congiuntivo per esprimere opinioni.

C. In generale, pensate che in Italia si spenda di più per il cibo che nel vostro paese? Perché pensate sia così? Cosa potrebbe riflettere la disponibilità di spendere di più?

D. Secondo voi, cosa riflettono i cambiamenti dell'alimentazione degli italiani? Pensate che sia uno sviluppo positivo?

III. Esercizi.

A. Trovate nel capitolo i vocaboli derivati dalle parole seguenti e datene l'equivalente inglese. Cercate di non usare un vocabolario, ma di arrivare al significato studiando il contesto in cui vengono usati nel capitolo.

1. sapore 2. portare 3. sacco 4. latte 5. scegliere 6. lungo 7. ricevere 8. pane 9. pregio 10. discutere 11. vicino 12. forno 13. popolo 14. consumare

B. Analizzate nei seguenti periodi l'uso del congiuntivo :

1. In Italia è più comune che il pasto finisca con la frutta invece del dolce.
2. È rarissimo che un ristorante italiano offra un cocktail all'inizio di un pasto.

3. Nei ristoranti italiani i camerieri si aspettano che l'acqua venga ordinata dal cliente.
4. Alcuni pensano che l'acqua minerale abbia un effetto salutare.
5. Prima di tutto bisogna assicurarsi che sia indicato sullo scontrino stampato il numero di partita IVA.
6. A meno che non sia esplicitamente indicato "servizio incluso," non significa che si è esenti dal lasciare qualcosa.
7. Si dice che a Napoli nel 1889 la regina Margherita abbia ordinato una pizza condita con pomodoro, olio d'oliva, mozzarella di bufala e basilico.
8. Comunque sia ottima la pizza americana, quella napoletana non sarà mai altrettanto stracolma di condimenti, perché il peso non consentirebbe una corretta infornatura.

C. Nei periodi 1–7 sopra, volgete all'imperfetto il tempo del verbo all'indicativo, poi cambiate il tempo del congiuntivo per rendere corretto il periodo.

D. All'infinito del verbo in parentesi, sostituite la forma corretta del congiuntivo:

1. Il cameriere era sorpreso che Joe (*volere*) _____ ordinare gli spaghetti con le polpette.
2. Sebbene i miei amici italiani (*finire*) _____ anche il primo piatto, io continuavo a mangiare lentamente le alici marinate dell'antipasto.
3. Comunque (*essere*) _____ ottima la cucina americana, Gordon preferisce quella italiana.
4. È bene che voi non (*assaggiare*) _____ ieri sera la pizza con la carne macinata e le uova.
5. Bisognerà che tu (*lasciare*) _____ al cameriere almeno il quindici per cento di mancia.
6. Ralph era felice che Italo lo (*portare*) _____ da MacBurgher, dove poteva gustare i famosi croccantini di pollo.
7. Crediamo che i prezzi dei ristoranti italiani (*essere*) _____ troppo alti.
8. Ci piace che il vino (*venire*) _____ servito con i pasti.

E. Premettendo la particella impersonale *si* a un verbo è l'equivalente dell'uso come soggetto in inglese di *one, you, we, they*, quando il riferimento non è specifico. Ricordate che gli aggettivi sono al plurale anche se il verbo è alla terza persona singolare. Attenzione ai verbi riflessivi, a cui si premette *ci si*. In italiano l'uso dell'impersonale è molto più diffuso che in inglese. Usando la particella *si*, riscrivete all'impersonale le frasi seguenti:

1. Noi ci abituiamo da giovani a un'alimentazione corretta o scorretta.
2. Non è vero che tu sei esente dal lasciare una mancia.
3. Di solito mi aspetto che tu venga in tempo.
4. Poiché siamo contrari a pagare l'acqua, ordiniamo una caraffa d'acqua dal rubinetto.
5. Se esci dal ristorante senza ricevuta fiscale, puoi essere soggetto a una multa.

F. Nelle ricevute fiscali a pagina 35 e 36, individuate quanto ha speso per portata ogni cliente, quant'è il coperto, il servizio e la mancia che bisognerebbe lasciare al cameriere. Quanto si è speso in tutto?

G. Nel menù a pagina 37, scegliete ciò che ordinereste per un pasto in cui non ci si preoccupa per la spesa. Quanto spendete in tutto?

Osteria

al Pescatore

di **BOMBANA VIRGINIA & C. s.n.c.**
Part. IVA 01716810179

Esercizio e residenza:
Via G. Piana - Tel. 030/916216
25019 SIRMIONE (BS)

chiuso il mercoledì

1
2
3
4
5
6
7
8
9
10
11
12
13
14
15
16
17
18
19
20
21
22
23
24
25
26

Se non compare
la quantità
si intende
QUANTITA UNITARIA

```
                              4.00X  1.000
                              COPE   4.000
                              2.00X  4.000
                              PRIM   8.000
                              2.00X  5.000
                              PRIM  10.000
                              2.00X  7.500
                              SECO  15.000
                              SECO   9.000
                              2.00X  2.800
                              CONT   5.600
                              ACQU    .900
                              VINO   3.000
                              VINO   1.500
                              S.TO  57.000
                              SERV 10.00%I
                                     5.700
                              S.TO  62.700
        -80TT '88/986K9576    R.FI  62.700
```

RICEVUTA FISCALE
FATTURA (ricevuta fiscale)   **XRF** N. 289815 **/88**
Art. 1 e 2 D.M. 13-10-79

FATTURA n. _____   Cod. Fisc. _____

Sig. _____

Residenza _____
                    via   comune

XAB/   № 012798 /88

TRATTORIA
DILADDARNO
di NESI CARLO & C. s.d.f.

50124 FIRENZE - Via dei Serragli, 108 r. - Tel. 225001
Partita IVA N. 03964980480

RICEVUTA FISCALE - FATTURA (RICEVUTA FISCALE)

D.M. 13-10-1979
D.M. 18- 1-1980

CLIENTE

RESIDENZA O DOMICILIO - (Via - N. - Comune)

NATURA, QUALITÀ E QUANTITÀ DEI SERVIZI		
2	Pane e Coperto	3000
	Vino	5000
1	Acqua minerale	1000
1	Antipasto	2500
2	1° Piatto	16000
2	2° Piatto	17000
1	Contorno	5000
	Formaggio	
	Dolce	4000
	Frutta	
	Bar	

CONTEGGIO IVA %		TOTALE (IVA compresa)	47500
IMPONIBILE		% Servizio	
IMPOSTA		**TOTALE**	
DATA 07/12/88	N 3698	CORRISPETTIVO NON PAGATO	

TIPO-LITO IRSA S.N.C. - VIA MARAGLIANO, 56 - 50144 FIRENZE - TEL. (055) 350859 - AUTOR. MINISTERIALE 39562/04 DEL 12/3/1984

E D I

B·I·S·T·O·R·A·N·T·E·PIZZERIA

ANTIPASTI

CROSTINI TOSCANI	L. 3.500
CROSTINI DI POLENTA AI PORCINI	" 5.000
BRESAOLA CON RUGHETTA	" 9.000
PROSCIUTTO DI PARMA	" 9.000
COZZE ALLA MARINARA	" 6.000
ANTIPASTO DI MARE	" 9.000
INSALATA CAPRESE	" 9.000

PRIMI PIATTI

TAGLIERINI AL POMODORO	" 5.500
TAGLIERINI AL LIMONE	" 5.500
TAGLIERINI AL SALMONE E CAVIALE	" 8.000
PENNE ALLA CARRETTIERA	" 6.000
PENNE ALLA BOSCAIOLA	" 7.500
PENNE ALLA POLPA DI GRANCHIO	" 8.000
PENNE ALLE MELANZANE	" 7.500
SPAGHETTI ALLA CARBONARA	" 7.000
SPAGHETTI ALLA RUSTICA	" 7.500
SPAGHETTI ALLA MONTECRISTO	" 8.000
SPAGHETTI ALLO SCOGLIO	" 8.000
FUSILLI ALLA POLPA	
FUSILLI ALLA AMEDEO	" 8.000
DI ARAGOSTA	
GNOCCHI TARTUFATI	" 9.000
GNOCCHI ALLA CREOLA	" 7.500
GNOCCHI ALLA CREMA DI CAROTE	
E PEPE VERDE	" 7.500
GNOCCHI ALLA RUGHETTA	" 6.500
RISO AI 4 FORMAGGI	
RISO AI FUNGHI PORCINI	" 8.000
RISO AI FRUTTI DI MARE	" 8.000
RISO AI CARCIOFI	" 7.500
RISO ALLE PUNTE DI ASPARAGI	
TORTELLONI ALLA PANNA	
E PROSCIUTTO	" 7.000

TORTELLONI DEL POETA	L. 8.000
RAVIOLI AI FUNGHI PORCINI	" 7.500
RAVIOLI AGLI ASPARAGI	" 7.500
RAVIOLI ALLA GORGONZOLA	
E RUGHETTA	" 7.000
RAVIOLI ROSÉ	" 5.000
ZUPPA DI VERDURA	" 6.000
RIBOLLITA	" 8.000
HOUSE TRIS (MIN. 2 PERSONE)	
(TORTELLINI ROSÉ, RAVIOLI... PENNE ALLA BOSCAIOLA)	" 9.000

SECONDI PIATTI

SPIEDINO DI MOZZARELLA	" 9.000
AL PROSCIUTTO CRUDO	
SPIEDINO DI MOZZARELLA	
ACCIUGATO	" 9.000
HAMBURGER ALLA GRIGLIA	" 6.000
CHEESE BURGER	" 7.000
HOUSE BURGER	" 8.000
TAGLIATA DI MANZO	" 16.000
CON RUGHETTA	
SCALOPPINE AL LIMONE	" 12.000
BOCCONCINI DI VITELLA	" 16.000
AI FUNGHI PORCINI	
FILETTO AL PEPE ROSA	" 16.000
FILETTO ALLA RUGHETTA	" 16.000
NODINO DI VITELLA AGLI ASPARAGI	" 15.000
ENTRECÔTE ALL'ACETO BALSAMICO	" 16.000
TRIPPA ALLA FIORENTINA	" 9.000
PETTO DI POLLO AL CURRY	
CON RISO	" 12.000
TRANCIA DI SALMONE	
AL VAPORE CON MAIONESE	" 14.000
TRANCIA DI PESCE SPADA	
AL CARBONE CON RUGHETTA	" 15.000
SPIEDINO DI GAMBERONI*	" 15.000

DALLA GRIGLIA

BISTECCA ALLA FIORENTINA (l'etto)	L. 3.500
FILETTO DI MANZO	" 15.000
ENTRECÔTE	" 15.000
LOMBATINA DI VITELLA	" 13.000
PAILLARD	" 11.000
BISTECCHINA DI MAIALE	" 9.000

CONTORNI

PATATE FRITTE*	" 3.500
INSALATA MISTA	" 4.500
COMPOSTA DI VERDURE LESSE	" 5.000
CONTORNI DI STAGIONE	" 4.000

DESSERT

DOLCI

MACEDONIA DI FRUTTA FRESCA	" 4.000
MORELLINO CON BISCOTTI	
31 PRATO	
ANANAS A PIACERE	" 4.000
FRAGOLE A PIACERE	" 5.000

NOSTRA PRODUZIONE

TIRAMISÙ	" 4.000
PANNA COTTA	" 4.000

BIRRA E BIBITE ALLA SPINA

PICCOLA	" 3.000
MEDIA	" 4.500
GRANDE	" 7.500

VINO DELLA CASA

BROCCA DA 1/2 LITRO	" 3.500
CARAFFA DA 1 LITRO	" 7.000
CIREBETE LA NS CARTA DEI VINI	
ACQUA MINERALE 1/2 LITRO	" 1.000
ACQUA MINERALE 1 LITRO	" 2.000
CAFFÈ	" 1.500
LIQUORI NAZIONALI	" 2.500
LIQUORI ESTERI	" 3.000

PIZZE

PIZZA MARINARA	L. 5.000
PIZZA MARGHERITA	" 5.500
PIZZA NAPOLETANA	" 6.000
PIZZA AI FUNGHI	" 7.000
PIZZA AL PROSCIUTTO	" 7.000
PIZZA AI WÜRSTEL	" 7.000
PIZZA ALLE MELANZANE	" 7.500
PIZZA AL PROSCIUTTO E FUNGHI	" 7.500
PIZZA CAPRICCIOSA	" 7.500
PIZZA SALSICCIA E CIPOLLA	" 7.500
PIZZA QUATTRO STAGIONI	" 7.500
PIZZA QUATTRO FORMAGGI	" 7.500
PIZZA AL SALAME PICCANTE	" 7.500
PIZZA DEL PESCATORE	" 10.000
PIZZA AL TONNO	" 10.000
PIZZA HOUSE	" 7.500
MARGHERITA CON PROSCIUTTO	
CRUDO	" 9.000
PIZZA SAVONAROLA (CON PORCINI)	" 10.000
FOCACCIA CON PROSCIUTTO CRUDO	" 9.000
FOCACCIA CON BRESAOLA	
E RUGHETTA	" 7.500
FOCACCIA DELLA CASA	" 10.000
CALZONE AL PROSCIUTTO	" 7.500
CALZONE ALLA RICOTTA	" 7.500
CALZONE ALL'UOVO	" 7.500
CALZONE FARCITO	" 7.500
CALZONE EDI HOUSE	" 7.500
CROSTONE DELLA CASA	" 10.000

COPERTO L. 1.500 - SERVIZIO ESCLUSO

EDI NORD... PIAZZA SAVONAROLA 9/R - TEL. 583386 - CHIUSO IL MARTEDI

5. LA MUTEVOLE SORTE DI
UNA SQUADRA DI CALCIO ITALIANA

1. La dominazione delle squadre del Nord nel calcio italiano.

Come è ben noto, la grande passione sportiva degli italiani è il calcio. Durante la stagione calcistica, che va da settembre a maggio, i tifosi affollano gli stadi sperando che la squadra del cuore vinca il campionato, o almeno trovi un piazzamento discreto* in classifica. Con poche eccezioni, lo scudetto* può essere sognato solo nelle città più importanti, quasi sempre al nord del Paese, dove le squadre vengono spesso appoggiate* da facoltosi* esponenti dell'industria o del commercio locale. La Juventus, ad esempio, avendo sede a Torino, importante centro industriale, può contare come sponsor principale Gianni Agnelli, padrone del gruppo Fiat automobili, da sempre tra le principali industrie italiane. Il Milan ultimamente domina il calcio italiano grazie al ricco apporto* del finanziere Silvio Berlusconi e della sua società Fininvest, che controlla anche il canale televisivo su cui vanno in onda* in esclusiva le partite del Milan. Negli ultimi anni la squadra milanese ha potuto contare su campioni italiani e stranieri che potrebbero formare addirittura due squadre complete di livello internazionale.

A parere di molti osservatori, quindi, il divario* economico Nord-Sud si riflette anche nel calcio italiano. Le tradizionali ricchezze delle società calcistiche del Nord spesso assicurano i migliori giocatori, secondo alcuni in una concorrenza* non del tutto leale. Per citare un caso ripetutosi diverse volte: quando una delle meno facoltose squadre di provincia si trova in mano un giocatore di valore che riesce ad alzare le speranze della tifoseria locale, dalle squadre ricche arrivano subito altissime offerte, o

---

discreto = decent; *scudetto* = shield-like symbol of the champion; the championship; *appoggiare* = to support; *facoltoso* = *ricco*; *apporto* = support; *andare in onda* = to be transmitted; *divario* = difference, gap; *concorrenza* = *competizione*

manovre in cui si danno in prestito altri giocatori per la garanzia di poter acquistare in un secondo momento il "gioiello" locale. Non è facile, quindi, rompere il monopolio delle ricche squadre del Nord sul calcio italiano. Tenendo poi conto che i giocatori di calcio in Italia sono i meglio pagati del mondo, e che, nel bisogno di garantire il "tutto esaurito"* negli stadi, gli ultimi anni hanno visto giocare in Italia quasi tutti i migliori giocatori del mondo, le spese a carico* di una società di calcio sono diventate astronomiche. Sono poche le squadre che a fine stagione registrano un bilancio positivo e troppe società si trovano in situazioni economiche precarie. C'è da preoccuparsi per il futuro in quanto si legge sempre più spesso del fallimento* di squadre (alcune di gloriosa tradizione), anche cancellate dal campionato, e ci sono delle "grandi" che non riescono a far fronte alle spese. È ovvio che le prime a soffrire nelle folli* gare per assicurarsi campioni famosi sono le squadre con i mezzi economici più modesti.

2. Il rendimento* di una squadra e l'umore della città.

Con le sorti* della squadra locale mutano* anche l'orgoglio* e l'umore cittadino o regionale. Mentre i tifosi nelle grandi città del Nord sono più o meno abituati a ottimi piazzamenti in classifica da parte delle loro squadre, in moltissime città meridionali la tifoseria anno per anno soffre sperando che la squadra possa rimanere nella massima divisione nazionale. Figuriamoci,* quindi, l'imbarazzo e il malumore locale quando le squadre del Milan, del Torino, della Fiorentina e del Bologna furono condannate al purgatorio della Serie B (o all'inferno della Serie C, nel caso del Bologna). Le Serie B e C sono infatti popolate per lo più da rappresentanti di cittadine di provincia (Empoli, Cosenza, Acireale), con cui le grandi città si rifiutano di confrontarsi. Dopo la sofferta retrocessione* della Fiorentina nel campionato '92–'93, il sindaco di Firenze, per tranquillizzare la popolazione, ha dovuto ricordare ai cittadini che la retrocessione nella serie minore riguardava solo la squadra di calcio, non la città: a volte è difficile distinguere!

Di enorme portata,* dunque, è stato il primo posto conquistato dal Napoli nel campionato '86–'87 e ripetuto nel campionato '89–'90 (con due secondi posti nell'intervallo). Solo una volta nella storia calcistica italiana

---

tutto esaurito = all sold out; *a carico* = paid, charged to; *fallimento* = bankruptcy; *folle* = mad; *rendimento* = performance; *orgoglio* = pride; *sorte* = destiny; fortune; *mutare* = to vary, to change; *figuriamoci* = let's imagine; *retrocessione* = demotion; *portata* = *importanza*

una squadra meridionale era riuscita a vincere lo scudetto, il Cagliari
(dall'isola della Sardegna) nel 1970. A Napoli, dove il tasso di disoccupazione* e tra i più alti d'Italia, dove molta gente deve "arrangiarsi"*
vivendo alla giornata, dove guerre, terremoti,* inquinamento, malgoverno,
camorra* e mala sorte hanno sempre provato lo spirito cittadino, il calcio,
dal dopoguerra in poi, è diventato uno spettacolo-valvola di sicurezza,
atto a dar sfogo* ai disagi* della popolazione.

3. Il salvatore del Napoli.

Avendo sofferto l'umiliazione della Serie B, di soldi sprecati,* di lunghi periodi di mediocrità, nonche le promesse mancate di giocatori dal passato
glorioso che avrebbero dovuto assicurare alti piazzamenti in classifica (se
non proprio lo scudetto) giocando un paio di ultimi campionati decenti, i
tifosi napoletani, con una teatrale manifestazione di entusiasmo, avevano
dato il benvenuto nel 1984 al loro messia (o *deus ex machina*) sceso dal
cielo in elicottero nello stadio. Diego Maradona, campionissimo argentino
ritenuto il massimo giocatore di calcio del mondo, aveva scelto Napoli
come sua dimora.* Non che l'avesse fatto per fare una grazia alla città: i
dirigenti del Napoli, infatti, erano riusciti, in un'operazione invidiata* da
tutte le società di calcio italiane, a trovare denaro in contanti* o attraverso
prestiti per garantire a Maradona uno stipendio di oltre dodici miliardi di
lire per giocare qualche anno a Napoli. Molti critici, pensando agli innu-
merevoli problemi della città, avevano subito gridato allo scandalo: non
andrebbe spesa in altri modi quella cifra? Dopo un sondaggio* positivo, si
era addirittura pensato, se fosse stato necessario, di finanziare la spesa attraverso contributi dei cittadini.

4. La differenza Maradona.

Basso, tarchiato,* la testa coperta da una spugna* di folti* capelli ricci,
retto* da due enormi cosce muscolose, Maradona forse rassomigliava più
alla caricatura di un atleta. La sua entrata in campo aveva esaltato subito
le speranze dei tifosi, ma l'arrivo dello scudetto a Napoli ha dovuto aspet-

---

tasso di disoccupazione = rate of unemployment; *arrangiarsi* = to get by; *terremoto* = earth-
quake; *camorra* = Mafia-like criminal organization in Naples; *atto* = apt; *dar sfogo* = to give
vent to; *disagio* = hardship, problem; *sprecato* = wasted; *dimora* = residenza; *invidiato* = en-
vied; *contanti* = cash; *sondaggio* = poll; *tarchiato* = squat, sturdy; *spugna* = sponge; *folto* =
thick; *retto* = supported

tare qualche anno. Per fortuna (o per miracolo) l'impazienza dei tifosi era stata placata dall'ottimo rendimento del giocatore, che era servito a rincuorare tutta la squadra. Il sogno è diventato realtà nel campionato '86–'87. Al gol della vittoria, dalla città si è sollevato* un boato* di gioia e, nei lunghi festeggiamenti che sono seguiti, la fantasia di Napoli si è sfogata con nuove trovate degne* della proverbiale esuberanza dei napoletani. Si è quindi visto il Vesuvio esplodere di nuovo, ma era "solo" una quantità paurosa di fuochi d'artificio.* Gran parte della popolazione si è vestita di azzurro, colore della squadra, e sono comparsi striscioni* azzurri dappertutto. Sono sorti* "altari" a Maradona. Le piazze e le strade sono state ribattezzate con i nomi dei giocatori. In onore anche a una nota passione napoletana, si sono susseguite pantagrueliche* mangiate a base di spaghetti, pizze e pesce, consumate all'aperto fino a notte inoltrata.* Erano in pochi i cittadini che serbavano* memoria dell'ultima volta che Napoli avesse gustato una simile celebrazione.

5. La città beneficia per il primo scudetto.

Dopo tutti i disagi che assillavano* la città, il nuovo e benvenuto senso di ottimismo – l'effetto psicologico della vittoria – ha dato vita a una catena di risultati positivi. Intorno alla squadra e al suo marchio* è nato un giro di affari* che ha dato lavoro a molta gente nella manifattura di magliette, cappelli, giubbotti,* souvenir e cianfrusaglia* varia. Molti di questi posti costituivano "lavoro nero" e le aziende facevano parte dell'economia sommersa. In altre parole, i lavoratori non sono protetti ai sensi della legge in quanto le aziende per cui lavorano, non dichiarandosi al fisco,* evadono le tasse (è come se queste aziende non esistessero per il governo italiano). Ma il denaro è sempre denaro, e quando circola favorisce una ripresa* in alcuni settori della depressa economia cittadina.

Dai molti festeggiamenti sono anche venute nuove idee per rilanciare* un po' il turismo. Dalla stampa* e dalla televisione si poteva capire che a Napoli ci si poteva divertire di nuovo, anche perché la città puntava* sulla valorizzazione* di certe tradizioni che il malumore e l'indifferenza dei napoletani aveva da tempo messo in disparte.* Erano ricomparsi* sul mercato persino dischi e cassette di musica napoletana relegati* al dimenticatoio.*

---

sollevarsi = to rise; *boato* = roar, rumble; *trovata* = invention; *degno* = worthy; *fuochi d'artificio* = fireworks; *striscione* = long rectangular banner; *sorto (sorgere)* = arose; *pantagruelico* = gigantic, abundant; *inoltrato* = late; *serbare* = *conservare*; *assillare* = to afflict, to worry; *marchio* = logo; *giro di affari* = commercial venture; *giubbotto* = jacket, windbreaker; *cianfrusaglia* = trinkets, junk; *fisco* = tax collector, state treasury; *ripresa* = recovery; *rilanciare* = to take off again; *stampa* = press; *puntare* = to push; *valorizzazione* = exploitation; *in disparte* = aside; *ricomparire* = to reappear; *relegare* = to relegate, to consign; *dimenticatoio* = oblivion

6. Continua l'impegno* del Napoli a vincere (con un po' di fortuna).

Ma il filone* positivo della squadra non era finito. Con i soldi guadagnati per lo scudetto, la società aveva subito comprato un altro giocatore di valore mondiale, il centravanti della squadra nazionale brasiliana. Piazzatosi secondo per due anni di seguito e continuando ad assicurarsi molti tra i migliori giocatori offerti dal mercato, il Napoli nel 1989–90 è riuscito a conquistare il secondo scudetto nell'ultima partita di campionato con un vantaggio minimo di punti in classifica. Nel Settentrione molti hanno giudicato immeritato* questo secondo trionfo: il giudice sportivo* aveva assegnato la vittoria di una partita al Napoli (quando non lo era per punteggio) perché un giocatore di questa squadra era stato colpito da una monetina* gettata in campo da un tifoso "nemico." Naturalmente, il giocatore, sapendo cosa succede in questi casi, era subito crollato* sul terreno di gioco come se fosse stato colpito mortalmente da un'arma da fuoco. Rantolando,* dimenandosi* disperatamente, poi esamine,* veniva portato fuori dal campo in barella.* Risultato finale: scudetto al Napoli, ma, secondo gli invidiosi, vittoria "rubata."

7. Dopo i trionfi, inizia la parabola discendente.*

Napoli, ultimo atto. Dopo i trionfi, il vezzeggiatissimo* Maradona comincia a passare la settimana in Argentina con maggior frequenza, saltando gli allenamenti* con la squadra prima delle partite domenicali. L'impossibilità di adeguarsi* al fuso orario* rende scadente* il suo contributo in campo. I tifosi, ma anche i compagni di squadra, protestano per i tanti privilegi goduti dal coccolatissimo* campione che nuociono* allo spirito dell'insieme. Maradona riesce persino a far licenziare* un allenatore che addirittura si permetteva di esigere* di più dal giocatore! In campo sembra più pesante, più robusto del solito. Il gioco della squadra soffre. Ha il fiatone,* è lento e non segna più molti gol. Indagando,* i giornalisti locali trovano subito lo scoop da prima pagina che sconvolge* l'Italia calcistica: Maradona userebbe la cocaina e ha rapporti con prostitute. Una di queste, in un articolo apparso in prima pagina del quotidiano* napoletano *Il Mattino*, conferma che Maradona usava la cocaina, e aggiunge che egli manifestava "un debole per i miei piedi; si dedicava soprattutto al mio alluce."*

---

impegno = commitment; *filone* = streak; *immeritato* = undeserved; *giudice sportivo* = head referee; *monetina* = small coin; *crollare* = to collapse; *rantolare* = to gasp, to groan; *dimenarsi* = to thrash about; *esamine* = passed out, fainted; *barella* = stretcher; *parabola discendente* = downward trend; *vezzeggiatissimo* = coddled, spoiled; *allenamento* = practice; *adeguarsi* = to adapt; *fuso orario* = jet lag; *scadente* = poor, disappointing; *coccolatissimo* = *vezzeggiatissimo*; *nuocere* = to harm; *licenziare* = to fire; *esigere* = to demand; *fiatone* = *(avere il fiatone)* to be short of breath; *indagare* = to investigate; *sconvolgere* = to upset; *quotidiano* = daily newspaper; *alluce* = big toe

In toni più piccanti* si legge in seguito che "aveva un pallino a luci rosse,* una prestazione* particolare, una richiesta avanzata con insistenza e sempre respinta."* Il suo giudizio professionale? "Maradona è un buon cliente e che, pur* senza avere grandi mezzi, si rivela un abile conoscitore delle tecniche d'amore." Le rivelazioni servono anche a dare più peso alle richieste di una giovane napoletana di far riconoscere legalmente Maradona quale padre del suo bambino Diego Armando, anche se Maradona era sposato e con altri due figli.

Il mese dopo, le accuse di droga vengono confermate nelle prove* antidoping che seguono le partite. Non c'è più dubbio, Maradona usava la cocaina. Rischiando la prigione, radiato* dal calcio per quindici mesi, l'ex-idolo ritorna in Argentina. Napoli è in lutto,* sotto shoc. La squadra rischia di retrocedere in Serie B dopo i trionfi degli ultimi anni. Dopo poche settimane in Argentina, essendo prima difeso e lodato dal presidente argentino, arriva l'ultima, triste conferma: Maradona è arrestato per possesso di cocaina. La squadra del Napoli, distrutta, è da ricostruire. Sprofondata* in fondo alla classifica, a corto di soldi, il suo presidente arrestato, la squadra si trova a lottare per rimanere in Serie A. Purtroppo l'impresa si presenta ardua in quanto è arrivato il conto: per far rientrare in attivo un bilancio* da anni in rosso, il Napoli ha dovuto vendere il meglio dei suoi giocatori, sostituendoli con anonimi giocatori a buon mercato.

I. Rispondete alle seguenti domande:

1. Perché è raro che il campionato italiano di calcio sia vinto da una squadra del sud?
2. Come controllano le squadre ricche il "mercato" dei giocatori?
3. Perché molte società di calcio in Italia perdono soldi?
4. Quali effetti sui tifosi può avere l'andamento in campionato di una squadra?
5. Qual è stata l'importanza del primo scudetto del Napoli?
6. Perché il Napoli non aveva mai vinto uno scudetto?
7. Chi ha salvato il Napoli? Come è stato possibile l'arrivo del calciatore che ha salvato il Napoli?
8. Perché è stato criticato l'acquisto del giocatore?

---

piccante = spicy, risqué; *pallino* = fixation; *a luci rosse* = X-rated; *prestazione* = service; *respinto* = denied, rejected; *pur* = even though; *prova* = test; *radiato* = banished; *lutto* = mourning; *sprofondata* = sunk; *rientrare in attivo un bilancio* = to balance a budget

9. Com'è fisicamente Maradona?
10. Come si è festeggiato il primo scudetto?
11. Descrivete gli effetti positivi dello scudetto.
12. Come ha potuto vincere un secondo scudetto il Napoli?
13. Perché ci sono state delle critiche per questa vittoria?
14. Raccontate la fine di Maradona.

II. Proposte per elaborazioni orali o scritte.

A. Pensate a un'altra squadra sportiva che, come il Napoli, ha superato difficoltà e handicap vari per vincere un campionato. Come è riuscita questa squadra a vincere? Qual è stato l'effetto della vittoria sui tifosi locali? Questa squadra ha continuato a vincere o è ritornata in basso alla classifica? Perché? Narrando al passato le vicende di questa squadra, fate uso di alcune congiunzioni che reggono il congiuntivo (sebbene, benché, nonostante, a meno che, ecc.).

B. "La fine di Maradona nel calcio italiano è interamente da attribuire all'indisciplina del giocatore." Siete d'accordo con quest'affermazione? Rendete la vostra opinione facendo uso del congiuntivo, con qualche esempio di congiunzioni che reggono il congiuntivo.

C. Pensate che i mass media abbiano diritto di indagare nella vita privata di una persona famosa? Bisognerebbe imporre dei limiti? Esprimete la vostra opinione facendo uso del congiuntivo, con qualche esempio di congiunzioni che reggono il congiuntivo.

D. Consultate le pagine sportive dell'edizione del lunedì di un giornale italiano. Guardate la classifica di Serie A e di Serie B. Se ci sono squadre di città che non conoscete, trovate queste città su una carta geografica, facendo conto anche della grandezza di queste città (viene spesso indicata dalla carta geografica). Quali sono le squadre delle grandi città e quali sono quelle dei centri minori? Ci sono squadre da grandi città in Serie B? Le ultime quattro squadre della Serie A retrocederanno in Serie B, mentre le prime quattro della Serie B saranno promosse in Serie A: quali sono le squadre candidate alla retrocessione o alla promozione?

III. Esercizi.

A. Trasformate le espressioni implicite in esplicite, come nell'esempio. L'espressione esplicita avrà sempre il verbo coniugato in uno dei vari tempi e modi; quella implicita userà il gerundio o il participio del verbo. Attenzione a dare il giusto tempo del verbo.

esempio:

(a) <u>Giocando un paio di buone partite</u>, il giocatore ha ricevuto un premio.

Dopo che aveva giocato un paio di buone partite …

Poiché aveva giocato un paio di buone partite …

(b) <u>Persi alcuni incontri negli ultimi minuti</u>, la squadra si allenava anche di pomeriggio.

Siccome aveva perso alcuni incontri negli ultimi minuti …

1. <u>Avendo sofferto l'umiliazione della Serie B</u>, i tifosi speravano che la squadra giocasse meglio.
2. Molti critici, <u>pensando ai tanti problemi della città</u>, credevano che lo stipendio di Maradona fosse esagerato.
3. Nell'economia sommersa, le aziende, <u>non dichiarandosi al fisco</u>, evadono le tasse.
4. <u>Piazzatosi secondo per due anni di seguito</u>, il Napoli è riuscito a vincere un altro scudetto nel 1989-90.
5. Diego Maradona, campionissimo argentino <u>ritenuto il massimo giocatore di calcio del mondo</u>, aveva scelto Napoli come sua dimora.
6. La squadra si era assicurata molti tra i migliori giocatori <u>offerti dal mercato</u>.

B. Ricordate che nei tempi semplici la forma passiva si può ottenere sostituendo all'ausiliare *essere* i verbi *venire* e *andare*. Quest'ultimo verbo esprime spesso necessità.

esempio:

(a) La partita è giocata la domenica.

= La partita viene giocata la domenica.

(b) Quel giocatore va acquistato.

= Quel giocatore deve essere acquistato.

Volgete al passivo le frasi:

1. E' ovvio che il Milan ha speso molti soldi per comprare giocatori.
2. Il Napoli ha rotto il monopolio delle squadre del Nord sul calcio italiano.
3. Il giudice sportivo aveva dichiarato la vittoria della squadra napoletana.
4. Penso che i giornali abbiano pubblicato alcuni articoli scandalistici.

    5. Il presidente argentino lodava Maradona.
    6. Pensavano che la polizia avesse arrestato il campione.
    7. Quante reti segnerà il Napoli nel prossimo campionato?

C. Nella terza persona singolare e plurale, un verbo transitivo attivo nei tempi semplici può diventare passivo premettendogli la particella *si* (*si* passivante). In questo caso non si esprime l'agente (da chi è svolta l'azione).
esempio:
  (a) La partita viene giocata oggi. = La partita si gioca oggi.
  (b) I biglietti saranno venduti al botteghino. = I biglietti si venderanno al botteghino.

Sempre nella terza persona singolare o plurale, la particella *si*, nei tempi semplici, può essere premessa a un verbo già passivo. In questo caso il tempo semplice ha il valore del tempo composto.
esempio:
  (a) Non si erano fatti molti gol. = Non erano stati fatti molti gol.
  (b) Si è letto il programma. = È stato letto il programma.

Riscrivete le frasi sostituendo per il verbo al passivo il costrutto con il *si* passivante:
    1. Lo scudetto veniva sognato solo nelle grandi città.
    2. Quei giocatori saranno venduti alla fine della stagione.
    3. Alla fine della partita viene fatta una grande festa.
    4. Era stata fatta un'ingiustizia con quel calcio di punizione.
    5. È stato inaugurato il campionato di calcio.
    6. È lodato il rendimento in campo di tutta la squadra.
    7. Verranno scritti molti articoli negativi sul campione.

D. Nelle frasi seguenti, indicate se il *si* è impersonale, passivo, riflessivo o riflessivo-passivo. In alcune frasi può anche avere due significati.
    1. Si è divertito allo stadio.
    2. Si figuri l'imbarazzo locale quando le squadre del Milan e del Bologna furono condannate al purgatorio della Serie B.
    3. Gran parte della popolazione si è vestita di azzurro, il colore del Napoli.
    4. Dalla stampa e dalla televisione si poteva capire che a Napoli ci si poteva divertire di nuovo.
    5. I biglietti si vendono davanti allo stadio.
    6. Alla fine di questo incontro si festeggerà una grande vittoria.
    7. Ci si mette la sciarpa con i colori della squadra.
    8. Tutte le partite si vedranno alla televisione.

PARTE SECONDA

STORIA E POLITICA CONTEMPORANEA

"*Il Fascismo, consacrato dal sangue dei nostri Martiri, è invitto e invincible.*"
— Mussolini

6. L'ITALIA SOTTO IL FASCISMO

1. L'Italia nella prima guerra mondiale.

Allo scoppio* della prima guerra mondiale, l'Italia faceva parte della Triplice Alleanza con la Germania e l'Austria. Quando il 28 luglio 1914 l'Austria dichiarò guerra alla Serbia, rea* di essere stata teatro dell'assassinio di matrice* politica dell'arciduca ereditario d'Austria-Ungheria Francesco Ferdinando e della moglie, l'Italia si dichiarò neutrale, essendo a carattere difensivo l'alleanza che la legava alla Germania e all'Austria. Il conflitto ben presto si estese in quasi tutto il mondo e l'Italia entrò in guerra contro l'Austria il 24 maggio 1915.

Il fronte italiano si rivelò tra i più difficili della guerra essendo situato sulle Alpi, catene di alte montagne che formano un confine naturale con il resto dell'Europa. I disagi* e le sofferenze degli eserciti* su questo fronte furono forse più gravi che altrove* per l'altitudine (diverse battaglie furono combattute ad altissima quota*), il lungo e rigido inverno, il terreno impraticabile, l'isolamento. Guidato da vecchi generali incapaci di adeguarsi* ai nuovi metodi di combattimento, mal equipaggiato, l'esercito italiano perse più di 650.000 uomini durante il primo conflitto mondiale. Sebbene le perdite italiane fossero state ingenti* (e la rotta* di Caporetto diventò proverbiale), l'Italia diede un importante contributo alla vittoria alleata, sconfiggendo* l'esercito austro-ungarico in battaglie determinanti sul Piave e a Vittorio Veneto, entrambe nel 1918.

2. Fattori che favorirono l'avvento del fascismo; il risorto nazionalismo.

Benché l'Italia fosse uscita dalla guerra dalla parte dei vincitori, la pace di Versailles non la compensò sufficientemente per i suoi sacrifici. Il costo

---

scoppio = outbreak; *reo* = guilty; *matrice* = *(matrice politica)* politically motivated; *disagio* = hardship; *esercito* = army; *altrove* = elsewhere; *quota* = altitude; *adeguarsi* = to adapt; *ingente* = enormous; *rotta* = rout; *sconfiggere* = to defeat

della guerra era stato enorme, in termini non solo materiali, ma anche psicologici. La lunga serie di scioperi che seguì l'armistizio, la difficoltà dei reduci* di reinserirsi nel tessuto sociale, il complesso d'inferiorità della nazione rispetto alle altre nazioni vittoriose e alle potenze coloniali determinò in larga misura l'avvento del fascismo. Tra gli altri fattori importanti bisognerebbe aggiungere il dilagarsi* dell'antisocialismo (i socialisti venivano accusati di aver fomentato gli scioperi sul territorio italiano). Inoltre, allo scoppio della guerra, una cospicua parte della popolazione, appoggiata e anche guidata da influenti artisti ed intellettuali, invocò subito l'intervento italiano. A prescindere* dalle note ma fumose* esaltazioni lanciate* soprattutto da alcuni artisti di una "guerra purificatrice* e portatrice di mutamenti* necessari", le rivendicazioni* interventiste-irredentiste* furono ben precise: l'annessione* di alcuni territori abitati da etnie italiane nella parte sud-orientale dell'impero austro-ungarico (oggi Austria e parti della ex-Jugoslavia), tra i quali la penisola d'Istria (ridata* alla Jugoslavia dopo la seconda guerra mondiale), parti del Friuli-Venezia Giulia, inclusa la città di Trieste, e il Trentino-Alto Adige. L'episodio più clamoroso fu forse la presa di Fiume nel 1919 da parte dei "legionari" comandati dal noto poeta-romanziere-drammaturgo Gabriele D'Annunzio, che, già maturo d'età, si rivelò audace aviere* prima, esaltatore* di una rinata* gloria romana dopo. Fu appunto il richiamo all'antica gloria di Roma che stimolò una ripresa* del nazionalismo in seguito sfruttato dal fascismo.

3. Mussolini, la marcia su Roma e il consolidamento del potere fascista.

Benito Mussolini (1883–1945), prima socialista e direttore del giornale socialista *L'Avanti*, dopo che fu estromesso* dal partito nel 1914 fondò un giornale interventista, *Il popolo d'Italia*, e poi combattè nel conflitto mondiale. Abilissimo oratore, Mussolini radunò* intorno a sè dopo l'armistizio un crescente numero di reduci insoddisfatti per le condizioni imposte dalla pace di Versailles ("una vittoria mutilata") e fondò i Fasci di Combattimento* nel 1919. In seguito, squadre fasciste armate guidarono azioni violente contro gli altri partiti politici italiani e nel 1922 marciarono da

---

reduce = war veteran; *dilagarsi* = to spread; *a prescindere* = apart; *fumoso* = (literally, smoky) vague; *lanciare* = to put forth; *purificatrice* = purifying; *mutamento* = change; *rivendicazione* = claim; *irredentista* = one who sought to recover territories inhabited by Italians (present-day northern Italy); *annessione* = annexation; *ridare* = to return, give back; *aviere* = air pilot; *esaltatore* = extoller, glorifier; *rinato* = reborn; *ripresa* = rebirth; *estromesso* = thrown out; *radunare* = to gather; *Fasci di combattimento* = *precursore del Partito Nazionale Fascista*

tutta l'Italia su Roma. Trovandosi senza alternative, il re Vittorio Emanuele III diede a Mussolini l'incarico di formare un nuovo governo. Negli anni che seguirono, i fascisti eliminarono l'opposizione politica: lo Stato totalitario fu dichiarato nel 1925. Subito dopo stabilirono un programma per la ricostruzione interna del Paese e intrapresero* una politica estera aggressiva con l'obiettivo di conquistare colonie come avevano fatto le altre maggiori potenze mondiali. Volendo assicurare maggiore legittimità al governo fascista, Mussolini nel 1929 firmò il concordato* con il Vaticano, in cui la Chiesa per la prima volta dall'unità d'Italia (nel 1861) e dalla presa di Roma (nel 1870) riconobbe lo stato italiano. In compenso, il cattolicesimo diventò la religione di stato, fu permessa la propaganda cattolica e l'insegnamento della religione cattolica nelle scuole secondarie fu affidata ai sacerdoti.*

4. La politica estera del fascismo.

Nella politica estera, una linea energica e aggressiva determinò l'avventura in Etiopia del 1935 per fondare "l'impero," avventura che risultò nella conquista di una nuova colonia, seguita subito da una condanna e da sanzioni dalla Lega delle nazioni. L'impresa* suscitò* dubbi sulla preparazione militare e sull'armamento dell'Italia. Ci fu poi l'intervento in Spagna nel 1937–1939 per appoggiare il fronte nazionale falangista,* dittatoriale e totalitario, di Francisco Franco contro il fronte popolare, democratico-socialista, in una guerra civile che vide la partecipazione su ambo* le parti di volontari di molte nazioni. A scopo di estendere l'impero, l'Italia nel 1939 invase l'Albania.

5. Le leggi razziali.*

Nel 1938 il fascismo approvò le leggi razziali che prevedevano,* fra l'altro, l'epurazione* di libri di testo, l'espulsione di studenti e insegnanti ebrei dalle scuole, il licenziamento* di ebrei dalle pubbliche amministrazioni, dalle università, dall'esercito e dalle accademie. Vennero anche proibiti i matrimoni misti. Le leggi razziali furono poco popolari, emanate da Mussolini solo per compiacere* l'alleato nazista che le reclamava. Di fatto, l'antisemitismo era piuttosto raro in Italia, anche perché gli ebrei italiani da secoli erano ben inseriti nella storia e nella vita civile del Paese.

---

intraprendere = to undertake; *concordato* = treaty; *sacerdote* = priest; *impresa* = endeavour; *suscitare* = to raise; *falangista* = of the Falange, a fascist organization established in Spain in 1934; *ambo* = both; *razziale* = racial; *prevedere* = to provide for; *epurazione* = purging; *licenziamento* = firing; *compiacere* = to please

Inoltre, non pochi ebrei italiani avevano creduto nel fascismo, e si sentirono traditi dai provvedimenti* contro di loro. In anni recenti sono stati pubblicati diversi studi che documentano i tanti casi di italiani che aiutarono a salvare molti loro concittadini ebrei alla fine della guerra, quando i nazifascisti cominciarono le deportazioni nei campi di concentramento.[1]

6. Il mito di Roma e la propaganda fascista.

Tra gli aspetti meglio noti del fascismo, che in tempi recenti hanno forse suscitato sentimenti contrari in Italia, fu l'esaltazione del nazionalismo, delle "virtù" che il popolo italiano aveva ereditato dai romani, i quali all'apice* del potere conquistarono gran parte dell'Europa, del nord Africa e

---

provvedimento = measure; *apice* = height

dell'Asia occidentale. L'inneggiare* alla romanità comportava* l'uso del
saluto romano, l'impiego di terminologia latineggiante caduta in disuso
ma ripresa dalla retorica fascista, un esagerato senso di cerimonia e di
spettacolo inteso a entusiasmare le masse chiamate a partecipare a frequenti e affollatissime adunate,* in cui si ascoltavano discorsi e si assi-
steva a parate, esercitazioni ed esibizioni varie che coinvolgevano* i presenti. La propaganda fascista, insegnata fin dai primi anni di scuola, fu
molto efficace ad incantare* gran parte della popolazione.

7. La seconda guerra mondiale e la caduta del fascismo.

Nel 1939, dopo l'invasione italiana dell'Albania, la Germania nazista, con
cui l'Italia fascista aveva firmato un'alleanza politico-militare (il Patto

---

inneggiare = to exalt; *comportare* = to involve, to require; *adunata* = military rally; *coinvol-
gere* = to involve; *incantare* = to put under a spell, to enchant

d'Acciaio*), invase la Polonia e diede inizio al secondo conflitto mondiale. L'Italia dichiarò prima la non-belligeranza, ma nel 1940 dichiarò guerra alla Francia e al Regno Unito. Gli esiti* delle prime battaglie presto smentirono* la propaganda fascista, la quale aveva fatto pensare alla popolazione di essere una delle prime potenze militari del mondo: l'invasione della Grecia si arenò* presto per la tenace resistenza dei greci e l'Italia dovette chiedere aiuto alla Germania; l'aeronautica si dimostrò subito a corto* di mezzi; le forze navali furono annientate* nei primi mesi della guerra e molte unità furono affondate in porto.

La situazione peggiorò con la disfatta* in nord Africa e il 25 luglio 1943, alla vigilia dello sbarco alleato in Sicilia, il Gran Consiglio del Fascismo tolse la fiducia* a Mussolini. Il re Vittorio Emanuele III lo fece arrestare, ma Mussolini venne liberato dai tedeschi e portato in Germania. Essendo stato sciolto* gran parte dell'esercito, l'Italia firmò a settembre l'armistizio con gli alleati e dichiarò guerra alla Germania nazista. Stabilitosi* nell'Italia settentrionale a Salò, piccolo centro sul Lago di Garda, Mussolini continuò a resistere formando la Repubblica Sociale Italiana e riaffermando l'alleanza con Hitler. L'Italia, divisa in due, occupata a nord dai nazisti e dai fascisti, a sud dagli alleati, piombò* in una cruente guerra civile. Il 27 aprile 1945, Mussolini venne catturato dai partigiani. Il giorno dopo fu fucilato con l'amante Claretta Petacci e i loro cadaveri vennero esposti a Milano. La guerra finì il 2 maggio.

NOTA

1 Si veda, ad esempio, Ivo Herzer, *The Italian Refuge: Rescue of Jews during the Holocaust* (The Catholic University of America Press, 1989); Alexander Stille, *Benevolence and Betrayal: Five Italian Jewish Families under Fascism* (Summit Books, 1991); e Susan Zuccotti, *The Italians and the Holocaust: Persecution, Rescue and Survival* (Basic Books, 1987).

PER SAPERNE DI PIÙ

Carocci, Giampiero. *Storia d'Italia dall'unità ad oggi*. Milano: Feltrinelli, 1975.
Ciocca, Pierluigi e Gianni Toniolo. *L'Economia italiana nel periodo fascista*.
    Bologna: Il Mulino, 1976.

---

acciaio = steel; *esito* = outcome; *smentire* = to disprove; *arenarsi* = to run aground, to stall; *a corto* = short; *annientato* = destroyed; *disfatta* = defeat: *togliere la fiducia* = to vote no confidence; *sciolto* = dissolved; *stabilirsi* = to establish oneself; *piombare* = to plunge

De Felice, Renzo. *Le interpretazioni del fascismo*. 3a ed. Roma-Bari: Laterza, 1993.

– *Mussolini il mito*. Roma-Bari: Laterza, 1983.

Herzer, Ivo, ed. *The Italian Refuge: Rescue of Jews During the Holocaust*. Washington, D.C.: The Catholic University of America Press, 1989.

Hoyt, Edwin Palmer. *Mussolini's Empire: The Rise and Fall of the Fascist Vision*. New York: John Wiley and Sons, 1994.

Michaelis, Meir. *Mussolini and the Jews*. Oxford: Clarendon Press, 1978.

Pollard, John F. *The Vatican and Italian Fascism*. Cambridge: Cambridge University Press, 1985.

Salvemini, Gaetano. *The Origins of Fascism in Italy*. Trad. Roberto Vivarelli. New York: Harper and Row, 1973.

Stille, Alexander. *Benevolence and Betrayal: Five Italian Jewish Families Under Fascism*. New York: Summit Books, 1991.

Vivarelli, Roberto. *Storia delle origini del fascismo*. 2 Vol. Bologna: Il Mulino, 1991.

Zuccotti, Susan. *The Italians and the Holocaust: Persecution, Rescue and Survival*. New York: Basic Books, 1987.

I. Rispondete alle seguenti domande:

1. Perchè all'inizio della prima guerra mondiale l'Italia si dichiarò neutrale?
2. Perchè il fronte italiano presentava particolari difficoltà?
3. Come finì la prima guerra mondiale per l'Italia?
4. Quali furono alcuni fattori che favorirono l'avvento del fascismo in Italia?
5. Cosa volevano gli interventisti-irredentisti?
6. Chi è Gabriele D'Annunzio? Qual è la sua importanza?
7. Qual era l'attività di Mussolini prima della guerra?
8. Come presero il potere i fascisti?
9. Qual è l'importanza del concordato con il Vaticano?
10. Descrivete brevemente la politica estera fascista.
11. Quali erano gli scopi delle leggi razziali?
12. Descrivete alcuni aspetti della propaganda fascista.
13. L'Italia quando entrò nella seconda guerra mondiale?
14. Descrivete brevemente l'andamento della seconda guerra mondiale per l'Italia.
15. Com'è finito il fascismo in Italia?

II. Proposte per elaborazioni orali o scritte.

A. Quali sono le condizioni che favoriscono l'avvento di un regime totalitario come il fascismo? Esprimete la vostra opinione facendo uso del
   congiuntivo e di qualche congiunzione che regge il congiuntivo.
B. Pensate che ci siano situazioni che possono giustificare l'uso della
   guerra? Esprimete la vostra opinione facendo uso del congiuntivo e di
   qualche congiunzione che regge il congiuntivo.
C. Oltre ad essere un abile oratore, Mussolini era anche consapevole del
   valore dei simboli e dell'elemento teatrale nella propaganda politica: il
   richiamo alla "romanità" e al nazionalismo, l'uso del saluto romano,
   le parate, le adunate, ecc. È scomparsa nei nostri giorni la teatralità
   politica? Come si manifesta? Chi sono i praticanti più abili di
   quest'arte? Fornite degli esempi concreti ed esprimete la vostra opinione facendo uso del congiuntivo.

III. Esercizi.

A. Sostituite al passato remoto o trapassato remoto del verbo la corrispondente forma del passato prossimo o trapassato prossimo (piuc-
   cheperfetto):

   1. Quando il 28 luglio 1914 l'Austria dichiarò guerra alla Serbia, l'I-
      talia si dichiarò neutrale.
   2. I disagi e le sofferenze degli eserciti sul fronte italiano furono
      forse più gravi che altrove.
   3. Sebbene le perdite italiane fossero state ingenti, l'Italia diede un
      importante contributo alla vittoria alleata.
   4. L'episodio più clamoroso fu forse la presa di Fiume.
   5. Gabriele D'Annunzio, già maturo d'età, si rivelò audace aviere
      prima, esaltatore di una rinata gloria romana dopo.
   6. Nel 1929 Mussolini firmò il concordato con il Vaticano.
   7. Tuo nonno fece la marcia su Roma?
   8. Il Vaticano riconobbe lo Stato italiano.
   9. Già nel 1935, noi protestammo l'invasione dell'Etiopia.
   10. Ho saputo che tu fosti contrario all'uso del saluto romano voluto
       da Mussolini.
   11. Dopo che l'Italia fascista ebbe firmato un'alleanza con la Germa-
       nia nazista, cominciarono i conflitti che portarono alla seconda
       guerra mondiale.

B. Completate la frase con il modo e tempo opportuni del verbo in parentesi:

1. Benché l'Italia (*essere*) _____ dalla parte vincente alla fine della prima guerra mondiale, molti italiani credevano che la pace di Versailles (*essere*) _____ ingiusta.

2. I fascisti volevano che gli italiani (*dare*) _____ ai socialisti la colpa per gli scioperi.

3. Gli irredentisti speravano che il Trentino e la Venezia-Giulia (*diventare*) _____ parte dell'Italia.

4. È vero che il fascismo (*essere*) _____ ancora un pericolo.

5. Siamo felici che molti anni fa voi (*combattere*) _____ contro lo stato totalitario.

6. Poiché (*volere*) _____ aggiungere un'altra colonia all'impero, l'Italia invase l'Albania nel 1939.

7. Il professore dubita che io (*conoscere*) _____ bene la storia d'Italia.

8. Sebbene Mussolini (*ripetere*) _____ che l'aviazione fascista era tra le prime nel mondo, all'inizio della guerra quest'arma si rivelò scarsa di mezzi.

9. Siamo certi che la scorsa settimana tu ancora non (*finire*) _____ di scrivere la tesi.

10. Abbiamo visto un documentario che ci (*mostrare*) _____ la verità nascosta dietro la propaganda fascista.

C. Unite i due periodi con un pronome relativo, evitando ripetizioni inutili di vocaboli:

esempio:

(a) Parleremo di un movimento politico. Il movimento politico è il fascismo.

Il movimento politico di cui parleremo è il fascismo.

(b) Ho visto un film. Il film mi ha sconvolto.

Ho visto un film che mi ha sconvolto.

1. L'alleanza era a carattere difensivo. L'alleanza legava l'Italia all'Austria e alla Germania.

2. I generali comandavano l'esercito. I generali erano incompetenti.

3. Mussolini firmò il concordato con il Vaticano. Nel concordato con il Vaticano la Chiesa riconobbe lo Stato italiano.

4. Il governo fascista promulgò le leggi razziali. Nelle leggi razziali molti studiosi riconoscono uno dei più grandi errori del regime.

5. Molti italiani parteciparono alle adunate volute da Mussolini. Nelle adunate si ascoltavano discorsi.

6. L'Inghilterra si rivelò un nemico formidabile. L'Italia aveva dichiarato guerra all'Inghilterra.
7. La rifondazione del Partito Fascista è vietata dalla costituzione. Il Partito Fascista portò l'Italia alla rovina.
8. Ho conosciuto il nonno di Carla. Il nonno di Carla ha fatto la marcia su Roma.

D. Completate con un pronome relativo o interrogativo:

1. Da _____ è stata vinta la guerra?
2. Gli alleati, al fianco di _____ hanno combattuto, si sono rivelati inaffidabili.
3. I generali di _____ abbiamo letto erano responsabili per la sconfitta di Caporetto.
4. L'Italia, _____ finì la prima guerra mondiale dalla parte dei vincitori, pensava che la pace di Versailles fosse ingiusta nei suoi confronti.
5. Ho conosciuto un signore _____ ha partecipato nella battaglia di Vittorio Veneto.
6. Per _____ sono questi libri di storia?
7. Il fascismo esaltava le virtù _____ il popolo italiano avrebbe ereditato dai romani.
8. Era interessante il film _____ tu hai visto?
9. Ci saranno due corsi di storia quest'anno. _____ frequenterai?
10. Mi ha domandato _____ avrebbe scritto la tesi sulla storia del fascismo.

7. DALLA RICOSTRUZIONE DEL DOPOGUERRA AL "MIRACOLO ECONOMICO"

1. Due problemi da affrontare.*

Alla fine della seconda guerra mondiale, i problemi più urgenti da affrontare in Italia erano due: 1) la ricostruzione del Paese, che era stato campo di battaglia ed aveva subito danni notevoli; 2) la riunificazione e riorganizzazione politica del Paese per rimarginare* le ferite* provocate dal fascismo e soprattutto dalla guerra armata scoppiata tra i seguaci* di Mussolini e gli antifascisti.

2. Riemergono i partiti politici; comincia la riunificazione.

Finita la guerra in Italia, si stabilirono governi di coalizione in cui partecipavano tutti i partiti politici che erano riusciti a riorganizzarsi dopo la guerra. I democristiani, i comunisti e i socialisti ben presto dimostrarono di essere i partiti che godevano il maggior consenso: i democristiani perché fondavano il loro potere in larga misura sulla fede religiosa della popolazione e sull'alleanza con la chiesa cattolica, la quale aveva esteso il suo potere in seguito al Concordato; i comunisti e i socialisti perché avevano combattuto contro il fascismo, erano stati in gran parte responsabili per la resistenza e godevano grande popolarità specialmente tra il proletariato urbano e gli agricoltori del centro-nord. Inoltre, potevano contare su un'organizzazione di tipo militare che aveva avuto notevole esperienza di combattimento durante le lotte* partigiane. Poiché nel Sud, liberato nel 1943 dagli alleati, la popolazione era stata relativamente poco coinvolta nella resistenza, la partecipazione politica era meno sentita, come del resto

---

affrontare = to face; *rimarginare* = to heal; *ferita* = wound; *seguace* = follower; *lotta* = struggle

era sempre stato. La distruzione provocata dalla guerra rese difficili le comunicazioni, ritardando così la riunificazione dell'Italia.

3. Il disegno politico dei socialcomunisti.

Dopo la sconfitta del fascismo, la borghesia, che fu in gran parte responsabile per il trionfo di quest'ideologia, diventò il bersaglio* dei socialcomunisti (in tal modo ci si riferisce ai comunisti e ai socialisti nell'immediato dopoguerra, quando condividevano* la stessa linea politica). Poiché subito dopo la guerra circolavano parecchie armi, continuarono per qualche tempo le rappresaglie* da parte di estremisti di sinistra contro chi ritenevano* fosse stato compromesso con il fascismo o avesse goduto privilegi, soprattutto i grandi proprietari terrieri e proprietari di fabbriche. I socialcomunisti quindi colsero l'occasione per cercare di realizzare il loro obiettivo che era quello di creare una nuova classe politica diretta dal proletariato. Soltanto negli ultimi anni si è cominciato a chiarire meglio il numero dei morti per queste epurazioni.

Anche se alla fine della guerra i socialisti e i comunisti, che avevano posizioni politiche pressoché identiche, risultavano meglio organizzati degli altri partiti ed esercitavano una forte pressione sul Paese, i capi di questi due partiti non acconsentirono* a una presa del potere con la forza, voluta soprattutto dagli elementi più estremisti e temuta dalla borghesia responsabile in parte di aver portato il fascismo al governo del Paese.

4. Le posizioni politiche degli altri partiti.

Altri partiti politici, soprattutto i monarchici e i liberali, proponevano soluzioni più conservatrici dei socialcomunisti, intese* comunque a raggiungere* un rinnovamento politico. I democristiani, prendendo una posizione più centrista, cercavano cambiamenti graduali per garantire una più giusta distribuzione della ricchezza e riaffermavano la necessità di costruire una società fondata sui valori cristiani. Essendo un partito che comprendeva sostenitori* di varia estrazione sociale, esso non proponeva una sostituzione di classe al potere.

---

bersaglio = target; *condividere* = to share; *rappresaglia* = retaliation; *ritenere* = to consider; *acconsentire* = to allow; *inteso* = intended; *raggiungere* = to bring about, to arrive at; *sostenitore* = supporter

5. I primi governi di coalizione; l'Italia diventa repubblica.

Era scoraggiante* la situazione che si presentava al primo governo di coalizione. L'Italia era distrutta, lo Stato privo* di fondi; la disoccupazione, già alta, veniva aumentata paurosamente dal bisogno di reinserire nella società i reduci, gli exprigionieri, i partigiani. Le dimostrazioni politiche dei disoccupati spesso finivano in scontri* con la polizia che, povera di mezzi e di uomini, non sempre riusciva a controllare la situazione. Caduto il primo governo di coalizione, il secondo promulgò il referendum istituzionale per confermare la monarchia o creare una repubblica. Avendo abdicato il vecchio re Vittorio Emanuele III, reo di aver dato via libera al fascismo, assunse la corona il figlio Umberto. Il 10 giugno 1946, l'Italia diventa repubblica e il re Umberto II, sul trono da solo un mese, va in esilio con la famiglia. Il Presidente provvisorio della repubblica è Enrico de Nicola. L'Assemblea Costituente, formata da tutti i partiti e con a capo il socialista Saragat, comincia il suo lavoro, la stesura* di una nuova costituzione che entrerà in vigore nel 1948.

6. I danni della guerra; inizia la ricostruzione con il Piano Marshall.

Una volta risolto, almeno per il momento, il problema del governo, il Paese potè procedere alla ricostruzione economica. Sebbene le maggiori città e i centri industriali avessero subìto* paurosi bombardamenti, i danni più gravi furono causati dall'esercito tedesco in ritirata. Più di metà della rete stradale era inutilizzabile e la maggior parte dei ponti era stata distrutta. Quasi tre quarti dei porti era da ricostruire; le ferrovie avevano perso quasi metà di tutta l'attrezzatura: rimaneva circa il 40% delle locomotive e il 10% delle carrozze. La flotta italiana versava* in condizioni analoghe: le era rimasto solo il 15% del tonnellaggio che aveva prima della guerra. Danneggiate le campagne, la produzione agricola era stata dimezzata.* Nell'industria, la produzione era ridotta a un quarto.[1] Inoltre, alcune circostanze impedivano una rapida ripresa della produttività: vi erano conflitti tra i lavoratori e i padroni-proprietari; gli impianti* avevano bisogno di essere sostituiti o modernizzati; le pessime condizioni delle comunicazioni stradali, ferroviarie e navali rendevano difficile sia il trasporto di materie prime verso le fabbriche che la distribuzione del prodotto finito. Nel 1947 cominciano ad arrivare aiuti finanziari dagli

---

scoraggiante = discouraging; *privo* = lacking; *scontro* = clash; *stesura* = draft; *subire* = to suffer; *versare* = *trovarsi, essere*; *dimezzato* = halved; *impianto* = plant, factory

Stati Uniti, aiuti che diventano massicci con il Piano Marshall lanciato a giugno.

7. Gli effetti della guerra fredda in Italia.

Sul lato politico, il deterioramento dei rapporti tra gli Stati Uniti e l'U-nione Sovietica, per l'inasprirsi* della guerra fredda, hanno ripercussioni in Italia. Si susseguono* con maggiore frequenza le dimostrazioni dei lavo-ratori e dei disoccupati, e la polizia, seguendo le direttive del ministro degli Interni, reagisce con la forza. Per diminuire l'influenza delle sinistre, il presidente della Democrazia Cristiana De Gasperi riesce a portare a ter-mine una manovra politica intesa ad escludere i comunisti dal governo. Dal 18 aprile 1947 i comunisti non parteciperanno più nei governi italiani al livello ministeriale fino ai risultati delle elezioni del 1996, in cui l'erede del PCI, il Partito Democratico di Sinistra, è tornato al governo nella coa-lizione dell'Ulivo.[2] Le divisioni tra i sostenitori degli Stati Uniti da una parte, e dell'Unione Sovietica dall'altra, daranno via a una serie di scontri politici che contribuiranno a rendere difficile la governabilità dell'Italia.

8. La ripresa economica.

Negli anni che vanno dal 1948 al 1954, l'economia è in piena ripresa. A confronto con l'anno migliore del periodo pre-bellico, il 1938, l'indice di produzione industriale nel 1954 registrava un incremento dell' 81%. I set-tori più produttivi erano l'industria degli idrocarburi, le industrie chimiche, metallurgiche, elettriche e meccaniche.[3] Una riforma agraria veniva varata* nel 1950 per assicurare che i terreni incolti venissero sfrut-tati al massimo, specialmente nel Meridione. Ciò comprendeva* l'espro-prio di alcuni terreni con compenso ai proprietari e la distribuzione dei terreni ad agricoltori che pagavano una quota di affitto per trent'anni di-ventandone poi proprietari. Un altro obiettivo della riforma era il miglio-ramento di terreni in cattive condizioni. Come del resto è accaduto* con altre iniziative del genere, la riforma agraria non ha avuto l'esito sperato, in quanto spesso veniva politicizzata e gli uffici dirigenti* erano più inte-ressati all'estensione di influenze politiche. Negli anni Cinquanta e Ses-santa, molti contadini lasceranno la campagna per trasferirsi nelle città industriali.

---

inasprirsi = to grow bitter; *susseguirsi* = to follow; *varare* = to launch; *comprendere* = to include; *accadere* = to happen; *dirigente* = in charge

Il Meridione, in situazione di sottosviluppo cronico, ma anche importante base del potere democristiano, diventa un altro obiettivo di recupero, e si istituisce la Cassa per il Mezzogiorno, un ente* con il compito di promuovere il risanamento agricolo e industriale del Meridione.[4] Anche se a partire dalla metà degli anni Cinquanta ci fu un risultato apprezzabile nel miglioramento del tenore di vita* della popolazione meridionale, non mancarono gli aspetti negativi: un'organizzazione poco efficiente soprattutto, ma anche lo sperpero* di fondi per favorire interessi particolari e investimenti troppo grandi nell'agricoltura, considerando il trasferimento nelle città di molti contadini.

9. Il "miracolo economico."

Dalla seconda metà degli anni Cinquanta ai primi anni del decennio successivo, l'economia italiana compie* un ulteriore passo avanti, quello che all'inizio degli anni Sessanta viene chiamato "miracolo" in quanto lo sviluppo economico del Paese risultava tra i più alti d'Europa. In dieci anni il progresso economico raggiunto dall'Italia superava quello di tutta la prima metà del secolo. La produzione industriale venne quasi raddoppiata* nell'arco di un decennio.[5] Nell'agricoltura si verificò un aumento di produzione anche se in Italia vi era in corso un processo che in poco tempo avrebbe trasformato una nazione prevalentemente agricola in una delle potenze industriali più evolute. Questa trasformazione in seguito avrebbe provocato una lunga serie di problemi sociali, soprattutto per l'emigrazione interna. Con l'aumento dello squilibrio* tra l'agricoltura e l'industria, la produzione agricola non riusciva a far fronte alle necessità del Paese, rendendo necessaria una crescente importazione di generi alimentari. Reso possibile dall'accumulazione di capitali, dal rinnovamento degli impianti industriali, stimolato dall'esportazione all'estero, il "miracolo economico" potè anche sfruttare le grandi risorse di manodopera* esistenti in Italia.

La trasformazione economica del Paese determinò dei cambiamenti profondi nella vita degli italiani. L'incremento nella produttività e i maggiori profitti aumentavano i salari. I salari più alti rendevano possibili nuovi consumi: l'Italia diventava motorizzata, si diffondeva* l'uso di elettrodomestici,* si spendeva di più per il vestiario e per il turismo. Anche se

---

ente = organization, body; tenore di vita = standard of living; sperpero = waste; compiere = to make, to achieve; raddoppiato = doubled; squilibrio = imbalance; manodopera = labour; diffondersi = to spread; elettrodomestico = appliance

il benessere veniva largamente diffuso, non arrivò tuttavia in vaste zone del Meridione dove resistevano ancora abitudini di vita arretrate* e un basso livello di educazione scolastica. Benché l'esito del "miracolo economico" sia stato di gran lunga positivo, l'inabilità del governo e di certe strutture ad adeguarsi ai cambiamenti daranno luogo a una serie di problemi che sarebbe culminata con gli eventi del 1968.

NOTE

1 Per questi ed altri dati sui danni della guerra in Italia, vedere Giuseppe Mammarella, *L'Italia contemporanea (1943–1989)*, pp. 75–8.
2 Agli eredi del Partito Comunista Italiano, il Partito Democratico della Sinistra, vengono assegnati tre ministeri dopo la grande svolta voluta dal referendum del 18 aprile 1993. I tre ministri del PDS però si dimetteranno poche ore dopo il giuramento a causa di nuovi dissidi politici.
3 Per questi ed altri dati sulla ripresa economica nell'Italia del dopoguerra, vedere Mammarella, pp. 145–6.
4 Per la Cassa per il Mezzogiorno, vedere anche il Capitolo 12.
5 Per questi ed altri dati sul "miracolo economico," vedere Mammarella, pp. 191–2.

PER SAPERNE DI PIÙ

Agosti, A., et al. *Togliatti e la fondazione dello stato democratico*. Milano: Franco Angeli, 1986.

Barberis, Corrado. *La società italiana: classi e caste nello sviluppo economico*. Milano: Franco Angeli, 1978.

Barucci, Piero. *Ricostruzione, pianificazione, Mezzogiorno: la politica economica in Italia dal 1943 al 1955*. Bologna: Il Mulino, 1978.

Carocci, Giampiero. *Storia d'Italia dall'unità ad oggi*. Milano: Feltrinelli, 1975.

Clark, Martin. *Modern Italy*. London-New York: Longman, 1984.

Clough, Shepard B. *The Economic History of Modern Italy*. New York: Columbia University Press, 1964.

Ginsborg, Paul. *Storia d'Italia dal dopoguerra a oggi: società e politica, 1943–1988*. Torino: Einaudi, 1989.

Graziani, Augusto. *L'economia italiana dal 1945 a oggi*. Bologna: Il Mulino, 1979.

Kogan, Norman. *A Political History of Italy: The Postwar Years*. New York: Praeger, 1983.

---

arretrato = backward

Lutz, Vera C. *Italy: A Study in Economic Development*. London-New York: Oxford University Press, 1962.

Mammarella, Giuseppe. *L'Italia contemporanea (1943–1989)*. Bologna: Il Mulino, 1990.

– *Italy after Fascism*. Notre Dame, Ind.: University of Notre Dame Press, 1966.

Pallante, Maurizio, e Pallante, Pierluigi. *Dalla ricostruzione alla crisi del centrismo*. Bologna: Zanichelli, 1975.

Podbielski, Gisele. *Italy: Development and Crisis in the Post-War Economy*. Oxford: Clarendon Press, 1974.

Rossi, Mario. *Da Sturzo a De Gasperi: profilo storico del cattolicesimo politico del novecento*. Roma: Editori Riuniti, 1985.

Sassoon, Don. *Contemporary Italy: Politics, Economy, and Society Since 1945*. London-New York: Longman, 1986.

– *The Strategy of the Italian Communist Party: From the Resistance to the Historic Compromise*. New York: St. Martin's Press, 1981.

I. Rispondete alle seguenti domande:

1. Quali erano i problemi che l'Italia doveva affrontare alla fine della guerra?
2. Quali erano i maggiori partiti politici dopo la guerra? Quali erano le fonti del loro potere?
3. Che cosa volevano fare i socialcomunisti alla fine della guerra?
4. Qual era la proposta dei democristiani?
5. Che cosa successe alla monarchia dopo la guerra?
6. Descrivete brevemente con qualche esempio la situazione economica in Italia dopo la guerra.
7. Come fu aiutata l'Italia a ricostruirsi?
8. Che effetto ha avuto la guerra fredda sulla politica italiana?
9. Quando comincia a riprendersi l'economia italiana? Quali erano alcune iniziative intese ad aiutare la ripresa economica del Paese?
10. Che cos'è la Cassa per il Mezzogiorno?
11. Che cos'è il "miracolo economico?"
12. Quale trasformazione subisce l'Italia per il "miracolo economico?"

II. Proposte per elaborazioni orali o scritte.

A. Cessato il fuoco e arrivata la pace dopo una guerra, la popolazione può cominciare a riparare i danni, a ricostruire il Paese. Tenendo conto dell'esperienza italiana dopo la seconda guerra mondiale, fate un breve confronto con la ricostruzione avvenuta in un'altra nazione dopo una guerra. Ci sono delle esperienze comuni?

B. Anche se l'Italia ha cessato di essere una monarchia dal 1946, c'è ancora un'esigua minoranza che appoggia il ritorno al trono della famiglia reale. Pensate che le monarchie nel mondo siano destinate a scomparire? Perché? Quali sarebbero, in certi paesi, gli argomenti a favore della monarchia?

C. Tutti i paesi industrializzati, le grandi potenze economiche, hanno attraversato un periodo di crescita ed espansione che li ha profondamente trasformati. In Italia il "miracolo economico" ha portato grandi cambiamenti in poco tempo. Descrivete brevemente lo sviluppo economico di un paese, di uno stato o di una regione, com'era la situazione prima e quale trasformazione c'è stata. Si può confrontare questo sviluppo con il "miracolo economico" italiano?

III. Esercizi.

A. Scrivete l'equivalente in italiano, facendo attenzione ai tempi del congiuntivo:
1. They wanted me to vote.
2. It was important for the reconstruction of the country to begin immediately.
3. I doubt I am going to England.
4. The fighting continued although the war had ended.
5. You hoped the king would go into exile.
6. We are delighted that Italy has become an economic power.
7. They think that the factories should be more productive.
8. We were afraid that we would be exploited.

B. Riscrivete la frase creando il periodo ipotetico:
esempio:
Se circolano molte armi, la situazione diventa pericolosa.
Se circolassero molte armi, la situazione diventerebbe pericolosa.

1. Se i partigiani libereranno la città, ci saranno grandi festeggiamenti.
2. Se i disoccupati organizzano una dimostrazione politica, ci sono scontri con la polizia.
3. Se il re abdica in tempo, si evita la rivoluzione.
4. Se tu compri alcuni elettrodomestici, non lavori tanto in casa.

    5. Se sei andato in Europa, hai visto Roma.
    6. Se è migliorata la produzione, è anche aumentato il tenore di vita.
    7. Se continuano lo sviluppo economico, raddoppiano la produzione
       industriale.
    8. Se io devo lasciare la campagna, mi trasferisco all'estero.

C. Dagli aggettivi indicati ricavate gli avverbi e usate ognuno in una
   breve frase:

    1. notevole 2. politico 3. graduale 4. pauroso 5. regolare 6. sottile
    7. provvisorio 8. singolare 9. rapido 10. esclusivo

D. Scrivete il contrario delle frasi seguenti:
   esempio:
       Hanno sempre speso molto per il vestiario.
       Non hanno mai speso molto per il vestiario.

    1. C'è sempre stato un incremento della produttività.
    2. I salari sono sempre stati bassi.
    3. Esiste ancora molta povertà.
    4. L'agricoltura ha ancora tempo per migliorare l'efficienza.
    5. L'esercito ha distrutto tutto.
    6. Tutti erano contro la polizia.
    7. Hanno già finito di ricostruire il paese.
    8. È stato già eletto alla presidenza.

8. SVILUPPI ED EREDITÀ DEL MOVIMENTO DEL SESSANTOTTO

1. Le ragioni per lo sviluppo del movimento studentesco.

Il 1968 segna un anno chiave nella storia italiana del dopoguerra: l'inizio di una serie di sviluppi politici e culturali che mutarono* sensibilmente i rapporti di potere politico, le istituzioni e il costume. È l'anno in cui si forma il movimento che poi, per analogia ad altre esperienze affini,* prese nome dall'anno di nascita, il Sessantotto, e dà vita a una lunga stagione di proteste e di contestazioni. Il fenomeno ha radici* nel movimento studentesco sorto per protestare il cattivo funzionamento delle università italiane. La decisione del governo di aprire a tutti i diplomati di scuole superiori l'accesso all'università (che prima favoriva gli studenti dei licei), provocò un grosso e improvviso aumento nel numero delle iscrizioni. Le vecchie e carenti* strutture universitarie, l'inabilità del sistema di adeguarsi alle nuove esigenze, favorì lo sviluppo del movimento studentesco, a cui facevano capo giovani di ispirazione comunista-rivoluzionaria. Un altro elemento catalizzante fu la protesta contro la guerra in Vietnam e chi appoggiava l'iniziativa americana, come il governo italiano. Il conflitto veniva infatti visto da molti come la lotta per la libertà di uno stato piccolo e povero contro un aggressore ricco e potente.

Bisogna ricordare, però, che i moti* studenteschi di quegli anni non erano un fenomeno esclusivamente italiano. La voglia generale di portare cambiamenti, di egualitarismo, di antiautoritarismo, di ribaltare* i valori del consumismo, fu comune a un'intera generazione, da Milano a Parigi, da Berkeley a Buenos Aires, da Praga a Berlino, da Città del Messico a Chicago. Anche se gli obiettivi dei vari movimenti studenteschi erano paragonabili,* da una nazione all'altra gli esiti* sono stati alquanto diversi.

---

mutare = to alter; *affine* = similar; *radice* = root; *carente* = wanting, inadequate; *moto* = uprising; *ribaltare* = to overturn; *paragonabile* = comparable; *esito* = outcome

2. L'illusione politica di un comunismo utopistico. Il Sessantotto: un fenomeno negativo?

Se si dovesse valutare il Sessantotto italiano dai suoi esiti diretti, il giudizio sarebbe negativo. Il movimento infatti si caratterizza ben presto comunista-rivoluzionario in senso politico e avvia una lunga serie di lotte radicali contro il sistema. In seguito, alcuni degli attivisti più estremisti passeranno al terrorismo e alla lotta armata. Molti giovani che dettero vita a quella tormentata stagione politica sognavano un comunismo utopistico (del resto mai esistito) fondato su mitologie che venivano da altre nazioni, ma la cui realtà non era ben conosciuta. Certamente non avrebbero mai immaginato che gli ammirati vietcong, i quali avevano combattuto per la libertà della loro patria, negli anni Settanta avrebbero partecipato alle aggressioni espansionistiche del Vietnam nel sudest asiatico.

Ripensando oggi a tutti i miti che illuminarono il pensiero e l'azione degli studenti militanti italiani, ci rendiamo conto che un'intera generazione ha vissuto per anni in una dimensione di irrealtà in quanto aveva rinunciato a trarre le conseguenze logiche delle delusioni che provenivano* da quei sistemi politici assunti* come simbolo delle loro contestazioni. Per molti la prima delusione venne nell'estate del '68, quando i carri armati sovietici posero fine* al processo di liberalizzazione iniziato con tanta euforia e speranza in Cecoslovacchia. Poco dopo si esaurì l'entusiasmo per le guardie rosse cinesi, utilizzate per un regolamento di conti interno al regime e poi liquidate brutalmente. L'ammirazione per i cubani finì quando questi si trasformarono in mercenari al servizio del potere sovietico in Africa. Eppure il mito del comunismo e i nomi di Ho Chi Minh, Mao, Che e Fidel Castro furono sufficienti per suscitare* entusiasmi rivoluzionari in una cospicua fetta* della gioventù italiana.

È una semplificazione però ridurre le dinamiche e il senso del Sessantotto alla sua dimensione politica. Il movimento lascerà il segno anche nella vita quotidiana, nelle radicali rotture* sul piano del costume sessuale e, più in generale, nei rapporti con l'istituzione familiare. Il miglioramento della condizione delle donne, il riconoscimento dei loro diritti sono stati possibili grazie anche al Sessantotto. Verranno inoltre modificati sostanzialmente i rapporti di potere nelle scuole, nelle università, nell'industria culturale, nella stampa giornalistica. È indubbio che molti cambiamenti scaturiti* dal Sessantotto sono stati positivi.

---

provenire = to originate; *assunto* = assumed, raised; *porre fine* = to put an end; *suscitare* = to raise; *fetta* = slice, part; *rottura* = break; *scaturito* = resulting

3. L'estensione temporale e sociale: l'alleanza con le lotte operaie.*

Il Sessantotto in Italia si caratterizza per l'estensione temporale e sociale. Non dura un mese come in Francia, non dura un anno, ma quasi un decennio perché si collega subito al lungo ciclo di lotte operaie che inizia nell'autunno del 1969 e finisce dopo la ristrutturazione industriale seguita alla crisi petrolifera cominciata nel 1973. Non è possibile trovare, ad esempio, un punto di rottura tra il '68 e il '69, tra l'anno degli studenti e l'anno degli operai. Dal 1969, i sindacati operai in Italia usciranno profondamente trasformati. Come fu per la nascita del movimento studentesco, anche l'esplosione delle lotte operaie viene determinata dal processo di rapida trasformazione che l'Italia stava vivendo in quegli anni. Il Paese usciva dal "miracolo economico," una lunga fase di espansione economica che aveva portato un sensibile miglioramento nel tenore di vita e nel livello dei consumi. Agli antichi squilibri* di un Sud sottosviluppato si erano aggiunti* i nuovi scompensi* di un'industrializzazione di massa concentrata soprattutto nel triangolo Genova-Torino-Milano. Centinaia di migliaia di meridionali, tra cui molti ex contadini o comunque provenienti dalle campagne, erano emigrati nelle grandi città del Nord. Qui potevano trovare lavoro nell'industria alla catena di montaggio,* svolgendo* operazioni ripetitive in un lavoro profondamente estraneo alle loro culture. Fuori dalla fabbrica li attendeva una condizione di solitudine, di rottura dei vincoli* comunitari, di disagio* materiale. Sarà questa leva* di nuovi operai a costituire la base della rivolta che renderà per alcuni anni ingovernabile il sistema produttivo italiano.

5. Si espande l'agenda operativa degli studenti. Nascono le prime divisioni.

L'esplosione di questo ciclo di lotte operaie era stata favorita anche dall'attività proselita di studenti militanti che per un anno avevano manifestato a favore della causa rivoluzionaria davanti ai cancelli* delle fabbriche. Il movimento studentesco in Italia infatti brucia* rapidamente le tappe,* l'agenda iniziale che aveva portato alle prime occupazioni viene presto superata. Le facoltà occupate nelle università si trasformano così in

---

operaio = worker; *squilibrio* = imbalance; *aggiunto* = added; *scompenso* = division, imbalance; *catena di montaggio* = assembly line; *svolgere* = fare; *vincolo* = bond; *disagio* = hardship, problem; *leva* = mobilization; *cancello* = gate; *bruciare le tappe* = to make quick progress

basi comuniste per l'intervento sociale e politico nei quartieri-ghetto e
nelle borgate dove viveva il sottoproletariato.* Le riunioni studentesche
non saranno più la sede naturale di formazione delle decisioni del movimento, ma diventano il luogo dello scontro* tra le diverse organizzazioni
politiche e fazioni dell'estrema sinistra. L'esperienza era nuova per la
maggior parte dei militanti che non erano certamente rivoluzionari di professione, ma si erano formati nel tempestuoso crogiuolo* del movimento.

6. La speranza di cambiare il sistema universitario.

Il bisogno di ribellione che caratterizzava il movimento studentesco non
nasceva esclusivamente all'estrema sinistra dell'arcobaleno politico. Le ragioni erano molteplici, come, ad esempio, la tradizionale mancanza di libertà che persisteva nei rapporti familiari, in seguito destinata per molti
ad aprirsi. Tra gli studenti, però, era forse più risentito l'autoritarismo del
vecchio sistema universitario. Troppi professori, i cosiddetti "baroni,"
erano assolutamente distanti dalle esigenze* di molti studenti; erano considerati depositari di un sapere che i giovani avvertivano* come ina-
deguato per una società in veloce trasformazione. Ai professori più ostili i
militanti impedirono di fare lezione. Per quegli studenti che speravano di
trarre profitto dall'esperienza universitaria, il disagio di quegli anni si
completa con gli scioperi e le occupazioni volute dai militanti. Il movimento studentesco potrà cantar vittoria per aver reso difficile la vita al
vecchio ceto* intellettuale, parte del quale verrà sostanzialmente emarginato* dai meccanismi di potere accademico. Ma il cambiamento sarà in
parte una breve illusione: in pochi anni si tornerà come prima perché
molti posti vuoti saranno occupati dai "nuovi baroni" che avranno saputo
strizzare l'occhio* al movimento.

7. L'antifascismo militante del Sessantotto.

Già nella primavera del '68 e soprattutto in autunno, dopo i moti studenteschi in Francia, molti militanti proiettano l'attività anche fuori delle
università. Ci sono da una parte le grandi mobilitazioni pacifiste contro la
guerra del Vietnam, dall'altra l'intervento sociale e gli scontri con i mili-

---

sottoproletariato = working underclass, working poor; *scontro* = clash, dispute; *crogiuolo* =
melting pot; *esigenza* = *bisogno*; *avvertire* = to perceive; *ceto* = *classe*; *emarginato* = margin-
alized; *strizzare l'occhio* = to wink, to co-opt

tanti dell'estrema destra. Incoraggiati dal Movimento Sociale Italiano (il partito neofascista), i giovani estremisti di destra cercano scontri con gli studenti di estrema sinistra, e a volte ci saranno anche morti. In seguito anche il movimento studentesco provocherà i neofascisti, con entrambi gruppi fautori* di spedizioni punitive contro l'antagonista per vere o presunte provocazioni. Il movimento studentesco sarà di natura profondamente antifascista, anche se non privo* di divisioni interne.

8. Cambiamenti nel movimento operaio.

L'esplosione degli scioperi operai nel '69 sembrava dare ragione* a quella componente del movimento che aveva spinto* per l'intervento esterno, per la qualificazione in senso comunista-rivoluzionario del movimento. L'esperienza insegnerà poi che la grande stagione di lotta non rappresentava l'alba di una nuova epoca rivoluzionaria, ma il canto del cigno* di un modello di organizzazione industriale e sindacale. Dal 1969 il sindacato in Italia uscirà profondamente trasformato. Alla vecchia divisione politica tra il sindacato cattolico, quello socialcomunista e quello democratico, segue un lungo periodo in cui i tre sindacati si uniscono in federazione. All'interno delle fabbriche, alle vecchie commissioni sindacali si sostituiscono degli organismi elettivi in cui partecipano tutti gli operai e non solo gli iscritti* al sindacato. Incalzata* non soltanto dalla ribellione operaia, ma anche dalla crisi energetica e dalla concorrenza di un mercato mondiale sempre più unificato, la grande industria risponderà con l'innovazione tecnologica. L'uso esteso dell'automazione svuoterà molte fabbriche di tute blu e le riempirà di colletti bianchi. Il ciclo di lotte operaie si esaurirà naturalmente.

9. La degenerazione nella lotta armata.

Alla fine degli anni Sessanta, all'avanzata della sinistra (a cui appartengono i sindacati, con pochissime eccezioni), alcuni esponenti dei servizi segreti avevano risposto favoreggiando la violenza del terrorismo di estrema destra, a volte partecipandovi. L'intenzione era di seminare il panico nella popolazione, la quale avrebbe richiesto una svolta* autoritaria nel governo. Alla violenza voluta da alcuni settori dell'apparato dello

---

fautore = promoter; *privo* = lacking; *dare ragione* = to prove right; *spinto* (*spingere*) = pushed; *cigno* = swan; *iscritto* = enrolled; *incalzato* = pressed; *svolta* = turn

Stato rispondono gruppi dell'estrema sinistra che, vedendo chiuso ogni spazio di trasformazione, sceglieranno la strada della lotta armata. Per alcuni anni lo scontro si circoscrive agli eserciti in campo: i gruppi terroristi di estrema sinistra da una parte, gli apparati dell'antiterrorismo dall'altra. Di conseguenza negli anni Settanta si riducono per molti militanti le possibilità di azione per la forma di opposizione non-violenta.

10. Continua l'eredità?

Solo verso la metà degli anni Ottanta, e dopo che lo Stato aveva sconfitto il terrorismo, hanno ripreso ad agire* movimenti di opposizione studenteschi e operai. In confronto con il Sessantotto, la partecipazione è molto più limitata, gli entusiasmi meno accesi, i metodi sostanzialmente non-violenti. Da una parte ci sono i giovani, orfani delle grandi teorie politiche generali (o le rifiutano) che si mobilitano* su temi ben precisi: il lavoro, l'ecologia, l'energia nucleare, la criminalità, la droga; dall'altra ci sono alcuni lavoratori nei servizi pubblici (trasporti, pubblica istruzione, ecc.) che contestano radicalmente, in modo indipendente dai sindacati, le iniziative del governo. È proprio nei gruppi dirigenti di queste organizzazioni conosciute come COBAS ("comitati di base," organismi di tipo sindacale poco sensibili ai problemi del cittadino per gli scioperi indotti*) che hanno avuto di recente gran peso tanti ex militanti del Sessantotto: vecchie talpe* emerse da un lungo letargo, il cui contributo è ancora da valutare, ma certamente molto inferiore di quello del ventennio precedente. E gli altri compagni dove sono finiti? Alcuni indubbiamente continuano l'impegno politico lavorando per un cambiamento, ma all'interno del sistema. Altri invece, vicino alla mezza età, avranno ben altro a cui pensare: responsabilità familiari, carriere e lavoro, insomma, realtà della vita con cui bisogna fare i conti.*

PER SAPERNE DI PIÙ

Acquaviva, Sabino. *Social Structure in Italy: Crisis of a System.* Trad. Colin Hamer. Boulder, Colorado: Westview Press, 1976.

Berlinguer, Enrico. *La Questione comunista 1969–1975.* Roma: Editori Riuniti, 1975.

---

agire = to act; *mobilitare* = to mobilize; *indotto* = caused; *talpa* = mole; *fare i conti* = to reckon

Curcio, Renato e Mario Scialoja. *A viso aperto.* Milano: Mondadori, 1993.

Gambino, Antonio, et al. *Dal '68 a oggi: come siamo e come eravamo.* Bari: Laterza, 1979.

Ginsborg, Paul. *Storia d'Italia dal dopoguerra a oggi: società e politica, 1943–1988.* Torino: Einaudi, 1989.

Kogan, Norman. *A Political History of Italy: The Postwar Years.* New York: Praeger, 1983.

Mammarella, Giuseppe. *L'Italia contemporanea (1943–1989).* Bologna: Il Mulino, 1990.

Ronchey, Alberto. *Accadde in Italia: 1968–1977.* Milano: Garzanti, 1977.

Sassoon, Don. *Contemporary Italy: Politics, Economy and Society Since 1945.* London-New York: Longman, 1986.

Silj, Alessandro. *Never Again without a Rifle! The Origins of Italian Terrorism.* Trad. Salvatore Attanasio. New York: Karz Publishers, 1978.

I. Rispondete alle seguenti domande:

1. Qual è l'importanza del Sessantotto in Italia?
2. Come si è sviluppato il movimento studentesco in Italia?
3. Qual era l'orientamento politico del movimento?
4. Cosa aveva in comune il movimento studentesco italiano con altri movimenti studenteschi nel mondo in quel periodo?
5. Se si dovesse valutare l'esito diretto del Sessantotto, perché il giudizio sarebbe negativo?
6. Perché si può dire che il movimento studentesco italiano ha vissuto per anni in una dimensione di irrealtà? Cosa è successo ai miti che aveva assunto?
7. È vero che il movimento del Sessantotto lasciò la sua impronta solo sulla sfera politica?
8. Chi furono gli alleati del movimento studentesco in Italia?
9. Quali furono i fattori che determinarono la formazione del movimento operaio?
10. Come si trasforma l'agenda del movimento studentesco?
11. Perché il movimento studentesco contestava molti professori? Quale fu l'esito?
12. Chi erano gli antagonisti del movimento studentesco-operaio in Italia?
13. Quali furono alcuni cambiamenti nel movimento operaio? Perché ci furono cambiamenti?
14. Perché si arrivò alla lotta armata?
15. Si può dire che continua l'eredità del Sessantotto? Come?

II. Proposte per elaborazioni orali o scritte.

A. Cosa ha in comune il movimento del Sessantotto con le varie contestazioni avvenute nello stesso periodo negli Stati Uniti (o in altre
nazioni), soprattutto quelle contestazioni guidate dagli studenti? Se vi
mancano informazioni, intervistate qualcuno che ha ricordi del periodo (i genitori, ad esempio).

B. Quali sono stati gli esiti positivi e negativi delle contestazioni studentesche alla fine degli anni Sessanta? In che modo continuano ancora
oggi? Fornite degli esempi specifici.

C. Quali sono oggi i nuovi temi di contestazione tra gli studenti? Ci sono
alleanze con altri gruppi e organizzazioni? Come si manifesta la contestazione? Pensate che sia efficace? Ci sono stati cambiamenti a
causa di queste contestazioni? Siate concreti negli esempi.

III. Esercizi.

A. Completate le frasi con un pronome o un aggettivo possessivo, inclu-
dendo l'articolo determinativo se necessario:

1. Mi hanno chiesto di usare la mia macchina, perché _____
è dal meccanico.
2. Noi abbiamo le nostre idee politiche, voi _____ .
3. Gli studenti si sono alleati con gli operai perché _____
posizioni politiche erano compatibili.
4. "Professore, è vero che _____ studenti hanno protestato
contro la guerra?"
5. Ho lasciato a casa i miei appunti; mi puoi prestare _____ ?
6. Conosci la famiglia di Elena? Conosci anche _____ cugini?
7. "Dottor Paci, ho il piacere di presentarLe _____ sorella."
8. Carla ha detto che _____ mamma non l'avrebbe accompagnata.
9. Ti sei dimenticato i guanti e vuoi che io ti dia _____ ?
10. "È lo zio di Cosimo?" "Sì, è _____ zio."

B. Trasformate i verbi al futuro. Ricordate che in Italiano, se il verbo
principale è al futuro, si usa il futuro dopo se, appena e quando.

1. Se l'università funziona bene, gli studenti non contestano.
2. Appena c'è un cambiamento, finisce la lotta armata.
3. Quando scrivo la tesi, vado in biblioteca.

4. Se facciamo una manifestazione, siamo ascoltati.
5. Appena ritornate all'università, cominciate a pensare al futuro.
6. Quando dicono la verità, si sentono giustificati.

C. Il modo condizionale può anche esprimere:

  a. Attribuzione ad una fonte (o ad altri), uso frequente nei mass
     media: *Secondo il ministero, il capo del governo sarebbe già par-*
     tito.
  b. Il futuro in un tempo passato (solo con il condizionale perfetto).
     Quest'uso di solito viene introdotto da un verbo di comunicazione
     coniugato a un tempo passato: *Il sindacato ha detto che avrebbe*
     partecipato al dibattito.

Date l'equivalente in Italiano facendo attenzione ai vari usi del condizionale:

  1. John said he would leave tomorrow.
  2. According to the newspaper, the strike has already begun.
  3. I heard that Marc is supposedly in Paris.
  4. They wrote that they would arrive late.
  5. According to them, there has never been a true socialism.
  6. If there had not been a student movement, today we would not
     have all of these changes.

D. All'infinito del verbo in parentesi, sostituite la forma corretta:

  1. Se non si fosse aperto a tutti l'accesso all'università, ora non ci
     (*essere*) _____ tanto affollamento.
  2. Secondo molti studiosi, la protesta contro la guerra nel Vietnam
     (*essere*) _____ un altro elemento catalizzante per il
     movimento studentesco.
  3. Il capo degli studenti era uno che (*portare*) _____ i
     capelli molto lunghi.
  4. Durante la stagione del Sessantotto, molti giovani credevano
     in un comunismo utopistico che in verità non (*conoscere*)
     _____ .
  5. A quell'epoca voi sognavate che un giorno, in un futuro non
     troppo lontano, il mondo (*essere*) _____ più giusto.
  6. Certamente non immaginavano che, alcuni anni dopo, i vietcong
     (*partecipare*) _____ alle aggressioni espansionistiche del
     Vietnam.

7. Ci sono molti elementi positivi del Sessantotto benché il movimento (*dare*) _____ anche alcuni esiti negativi.
8. Andrò a casa appena (*finire*) _____ la riunione studentesca.
9. Se l'università non funziona bene, voi (*protestare*) _____.
10. Gli operai non avrebbero lottato al fianco degli studenti, se le condizioni nelle fabbriche (*essere*) _____ migliori.
11. Marco (*sperare*) _____ che il terrorismo fosse finito.
12. È strano che tu (*volere*) _____ continuare a contestare.

9. GLI ANNI DEL TERRORISMO

1. Le due matrici* del terrorismo e l'obiettivo comune.

All'inizio degli anni Settanta comincia a dilagare* la violenza politica, che metterà a dura prova* le istituzioni democratiche del Paese. A complicare una soluzione unitaria del problema erano i diversi volti* del terrorismo in Italia. Da una parte c'era il terrorismo "nero," di stampo neofascista; dall'altra, il terrorismo "rosso," di estrema sinistra. Esistono indizi,* però, che fanno pensare ad un obiettivo comune, la distruzione delle istituzioni democratiche italiane. Non c'è da stupirsi* che tale obiettivo fosse comune a due contrastanti espressioni politiche se si considera l'esistenza di gruppi che si autodefinivano, paradossalmente, nazimaoisti.

2. I primi attentati* del terrorismo neofascista.

Per tracciare il quadro del terrorismo in Italia, bisogna risalire al 1969. A Milano, ad aprile, esplodono bombe alla Fiera e alla stazione ferroviaria. Ad agosto, quando l'Italia si muove per l'esodo* estivo, esplodono bombe sui treni. Il 12 dicembre la strage: muoiono sedici persone per lo scoppio* di una bomba in una banca. Solo dopo lunghissime indagini il processo si conclude nel 1979, dieci anni dopo il fatto. Ad ostacolare la ricerca della verità sono persone la cui identità in molti casi rimane sconosciuta. Le strategie per impedire che si faccia giustizia includono 1) depistaggi* per dare la responsabilità ai partiti di sinistra; 2) tentativi per sviare* le indagini; 3) la misteriosa scomparsa delle prove. Alla fine due neofascisti di Padova e un agente segreto del SID (la CIA italiana) furono trovati

---

matrice = matrix, origin; *dilagare* = to spread; *mettere a dura prova* = to put to the test, to try; *volto* = *faccia*; *indizio* = evidence; *stupirsi* = to be amazed; *attentato* = attack, attempt; *esodo* = exodus (used to describe the summer period when most Italians leave for their vacation); *scoppio* = explosion; *depistaggio* = sidetracking; *sviare* = to divert

colpevoli e condannati all'ergastolo,* ma rimessi in libertà poco tempo
dopo.

3. I moventi.*

Molto inquietanti sono le prove, venute fuori durante il processo, che i terroristi neofascisti, appartenenti a gruppi come i NAR (Nuclei di Azione
Rivoluzionaria) e Ordine Nuovo, non operarono da soli, ma godevano di
appoggi* in certi ambienti* dello Stato. I successi politici riportati dai partiti di sinistra a partire dalla fine degli anni Sessanta preoccupavano chi
non avrebbe mai accettato la partecipazione, anche se voluta democratica-
mente, dei comunisti al governo. Alcuni individui all'interno dello Stato
erano quindi intenti a sfruttare politicamente gli attentati per incolpare*
la sinistra di questi primi atti terroristici. Il ragionamento* sarebbe stato
che, in seguito, il giudizio negativo dell'opinione pubblica avrebbe invocato una reazione dura del governo e un rinnovato impegno per tenere la
sinistra fuori dall'area governativa. Si sarebbe delineato così uno spostamento a destra, una svolta* voluta da certi ambienti che in quegli anni
avevano tentato due volte il colpo di stato. Per aver dato appoggi ai terroristi e tramato* con loro, vennero condannati alcuni generali ed altri
militari appartenenti al SID. Lo scandalo coinvolse anche ex ministri che
tuttavia uscirono indenni* dal processo, senza però rimuovere i dubbi che
continuano a persistere circa i legami tra elementi di Stato e l'eversione di
marca fascista.

4. Altri attentati del terrorismo nero: cresce il numero delle vittime.

Apertamente incoraggiato dal Movimento Sociale Italiano – il partito neofascista – il terrorismo nero continuò a compiere attentati terroristici per
tutto il decennio. Il 12 maggio 1974 la maggioranza degli italiani vota
"no" nel referendum inteso a cancellare la legge sul divorzio. La
Democrazia Cristiana, il Movimento Sociale, e la Chiesa, avendo lottato
per abrogare la legge, subiscono* una dura sconfitta* politica. Subito
dopo, il 28 maggio, a Brescia scoppia una bomba durante una manifestazione antifascista: otto morti, più di cento feriti è il bilancio dell'attentato. Il 4 agosto durante il periodo di ferie estive, un ordigno* distrugge

---

ergastolo = life sentence; *movente* = motive; *appoggio* = support; *ambiente* = quarter; *incolpare* = to blame; *ragionamento* = reasoning; *svolta* = outcome, result; *tramato* = plotted; *in-
denne* = unscathed; *subire* = to suffer; *sconfitta* = defeat; *ordigno* = bomba

alcune carrozze* di un treno in corsa pieno di villeggianti:* i morti sono dodici. Nel 1980, lo scoppio di un ordigno alla stazione ferroviaria di Bologna, la città più importante governata dai comunisti, ucciderà ottantatrè persone e ne ferirà oltre duecento. L'attentato sarà il più grave, ma anche l'ultimo episodio che segue la strategia di violenza indiscriminata.

5. Il terrorismo di sinistra: i primi attentati delle Brigate Rosse.

Il secondo volto del terrorismo politico in Italia, forse quello più noto, ha per protagonista gruppi di estrema sinistra, tra cui spiccano le Brigate Rosse. Al contrario dei terroristi neofascisti, che speravano di fermare la crescente popolarità dei partiti di sinistra, le Brigate Rosse temevano la possibilità di uno spostamento a destra del governo, attuato dalla violenza. Come sappiamo ora, questo timore* non era ingiustificato. Cominciando nel 1971 con attentati di sabotaggio nelle fabbriche, il terrorismo dell'estrema sinistra passa presto ai sequestri di persona a fine di* scambio con terroristi incarcerati. Per finanziare le proprie attività, le Brigate Rosse compiono* rapine* impiegando anche criminali comuni politicizzati nelle carceri attraverso il contatto con i brigatisti arrestati. Seguono i primi omicidi e, nel 1974, gli arresti importanti di Renato Curcio e Alberto Franceschini, ritenuti* fondatori delle BR. La loro permanenza in carcere è breve: dopo cinque mesi Curcio viene liberato con estrema facilità da un commando guidato dalla moglie, che in seguito verrà uccisa in uno scontro a fuoco con i carabinieri. Ricatturato nel 1976, Curcio, processato* con altri fondatori delle Brigate Rosse, riceverà una lunga condanna. Gli omicidi continuano e i bersagli sono scelti tra esponenti del governo. A scopo di intimidazione saranno uccisi anche dei magistrati incaricati del processo contro i brigatisti.

6. L'omicidio di Aldo Moro.

La prova più dura per la democrazia italiana comincia il 16 marzo 1978. Aldo Moro, segretario della Democrazia Cristiana, ex Presidente del consiglio, uomo politico di grande prestigio, viene rapito dalle Brigate Rosse durante un'azione in cui perdono la vita i cinque militari di scorta. I carcerieri di Moro in seguito annunciano che verrà ucciso a meno che non vengano liberati alcuni brigatisti arrestati. Impegnato nella lotta contro il

---

carrozza = railroad car; *villeggiante* = vacationer; *timore* = *paura*; *a fine di* = in order to, for the purpose of; *compiere* = to carry out; *rapina* = robbery; *ritenuto* = considered; *processato* = tried

terrorismo dilagante,* il governo è diviso se trattare o no con i terroristi.
Seguono eventi che sconvolgono* l'Italia: vengono pubblicate nei giornali
lettere di Moro in cui lo statista implora il governo e i suoi colleghi politici
di trattare per la sua vita: i brigatisti diffonderanno fotografie del seque-
strato; ci saranno appelli ai brigatisti dal Papa e da altri esponenti politici.
Dopo cinquantacinque giorni, Moro viene trovato a Roma, assassinato in
una macchina parcheggiata simbolicamente tra la sede della Democrazia
Cristiana e quella del Partito Comunista. Uccidendo Moro, le Brigate
Rosse colpivano al cuore lo Stato. Più tardi si saprà che i brigatisti teorizzavano che l'omicidio avrebbe dovuto dare il via a una reazione autoritaria del governo, la quale avrebbe poi provocato una guerra civile in cui
sarebbe prevalsa l'estrema sinistra guidata dai gruppi brigatisti. Con
questo risultato, si sarebbero esaurite le iniziative promosse da Moro per
arrivare al "compromesso storico" delineato dal segretario del Partito Comunista Enrico Berlinguer, cioè alla partecipazione dei comunisti nel governo per risolvere la perpetua crisi politica. È significativo notare che il
terrorismo rosso si opponeva anche al comunismo "borghese" del Partito
Comunista Italiano e riuscì a colpire anche esponenti di quel partito.

7. La frammentazione e la fine del terrorismo di sinistra.

Dal 1977 compaiono* sulla scena altri gruppi terroristici che rivendicano*
la responsabilità di molti attentati, omicidi, rapimenti e "gambizzazioni."*
Alla fine degli anni Settanta diventano protagonisti anche i gruppi riuniti
sotto la cosiddetta Autonomia. In polemica con il Partito Comunista, gli
autonomi fanno uso della violenza e dell'intimidazione per metter in difficoltà i comunisti. Non a caso scelgono come palcoscenico le più importanti
città governate dai comunisti, Bologna e Roma. Le azioni più clamorose
hanno luogo nel corso di manifestazioni politiche dell'estrema sinistra,
quando dai dimostranti si staccano gruppi armati che devastano parti di
queste città. Lo scopo dichiarato di questa guerriglia urbana di massa era
– come al solito – di portare l'Italia alla guerra civile.
   Dopo un decennio di attività, il terrorismo rosso comincia ad esaurirsi.
Il risultato sperato – la guerra civile – non viene raggiunto, non scoppiano
le sommosse* popolari. La polizia comincia a scoprire le basi brigatiste, gli
arresti si susseguono* con maggiore frequenza e le azioni dei terroristi
sembrano prive di qualsiasi logica. Affiorano* i primi dissidi interni, i

---

dilagante = spreading; *sconvolgere* = to upset, to be upsetting to; *comparire* = to appear;
rivendicare = to claim; *gambizzazione* = kneecapping, shooting one's leg or knee area; *som-
mossa* = uprising; *susseguirsi* = to follow; *affiorare* = to surface

84   L'Italia verso il Duemila

primi ripensamenti. Alcuni dei brigatisti arrestati parlano, comincia il
fenomeno dei "pentiti"* favorito da una legge che riduce le pene per chi
collabora con la polizia. Con la carcerazione dei maggiori esponenti del
terrorismo di estrema sinistra, vista la realtà della situazione, gli attentati
promossi dalle nuove leve diventano sempre più rari. Alla metà degli anni
Ottanta sembra chiuso definitivamente uno dei più tristi capitoli della storia italiana del dopoguerra.

PER SAPERNE DI PIÙ

Curcio, Renato, e Mario Scialoja. *A viso aperto.* Milano: Mondadori, 1993.
Franceschini, Alberto. *Mara, Renato e io: storia dei fondatori delle BR.* Milano:
    Mondadori, 1988.
Galleni, Mauro. *Rapporto sul terrorismo.* Milano: Rizzoli, 1981.
Ginsborg, Paul. *Storia d'Italia dal dopoguerra a oggi: società e politica,*
    1943–1988. Torino: Einaudi, 1989.
Katz, Robert. *Days of Wrath: The Ordeal of Aldo Moro, the Kidnapping and*
    Execution, the Aftermath. Garden City, NY: Doubleday, 1980.
Mammarella, Giuseppe. *L'Italia contemporanea (1943–1989).* Bologna: Il Mulino,
    1990.
Meade, Robert C. *Red Brigades: The Story of Italian Terrorism.* Westport, CT: St.
    Martin's Press, 1990.
Peci, Patrizio. *Court Depositions of Three Red Brigadists.* Trad. Sue Ellen Moran.
    Santa Monica, CA: Rand, 1986.
Ronchey, Alberto. *Accadde in Italia: 1968–1977.* Milano: Garzanti, 1977.
Sassoon, Don. *Contemporary Italy: Politics, Economy, and Society Since 1945.*
    New York-London: Longman, 1986.
Silj, Alessandro. *Never Again Without a Rifle! The Origins of Italian Terrorism.*
    Trad. Salvatore Attanasio. New York: Karz Publishers, 1978.

I. Rispondete alle seguenti domande:

1. Quali sono i due tipi di terrorismo che dilagano in Italia negli anni
   Settanta?
2. Perché si può dire che avevano un obiettivo comune?
3. Come comincia il terrorismo in Italia? Chi sono i colpevoli dei primi
   attentati?

---

pentito = repentant

4. Quale sarebbe stato il movente per i primi attentati neofascisti?
5. Con che cosa coincidono alcuni degli attentati neofascisti all'inizio degli anni Settanta? Da chi venivano appoggiati i terroristi?
6. Come si può caratterizzare la strategia della violenza neofascista?
7. Come si sviluppa il terrorismo di estrema sinistra?
8. Quali sono i bersagli del terrorismo di estrema sinistra? Come sono diversi questi bersagli da quelli scelti dal terrorismo neofascista?
9. Qual è l'attentato più noto messo a segno dalle Brigate Rosse? Che scopo aveva questo attentato?
10. Quali sono alcune ragioni per cui si esaurisce il terrorismo di estrema sinistra?

II. Proposte per elaborazioni orali o scritte.

A. Secondo voi, può essere mai giustificato il terrorismo? In quali circostanze? È possibile porre dei limiti?

B. Sembra che negli ultimi decenni gli atti di terrorismo nel mondo siano in aumento, anche perché molte minoranze etniche, assorbite per vari motivi da altre nazioni, rivendicano il loro diritto all'indipendenza. Esaminando qualche caso di vostra conoscenza, dimostrate come l'uso del terrorismo, anche quando impiegato per fini "giusti," crea sempre delle ingiustizie. Chi sono le vittime?

C. In Italia, il terrorismo neofascista e quello di estrema sinistra avevano degli obiettivi molto simili. Si potrebbe perciò dire che ogni terrorismo ha sempre degli obiettivi generali simili? Cosa pensate si possa fare per impedire il terrorismo? Quali problemi di ordine costituzionale o legale può portare la lotta contro il terrorismo?

D. Fate un dibattito in classe basato sulla proposta A sopra. Difendete la posizione contraria alla vostra.

III. Esercizi.

A. Date l'equivalente in Inglese delle seguenti frasi. Fate attenzione al modo e al tempo del verbo. Da che cosa dipendono i congiuntivi usati?

1. Non c'è da stupirsi che tale obiettivo fosse comune a due contrastanti espressioni politiche se si considera l'esistenza di gruppi che si autodefinivano, paradossalmente, nazimaoisti.

2. Le strategie per impedire che si faccia giustizia includono depistaggi per dare la responsabilità ai partiti di sinistra.
3. Il ragionamento sarebbe stato che il giudizio negativo dell'opinione pubblica avrebbe poi invocato una reazione dura del governo.
4. I carcerieri annunciano che Moro verrà ucciso, a meno che non vengano liberati alcuni brigatisti arrestati.
5. Più tardi si saprà che i brigatisti teorizzavano che l'omicidio avrebbe dovuto dare il via a una reazione autoritaria del governo, la quale avrebbe poi provocato una guerra civile in cui sarebbe prevalsa l'estrema sinistra.

B. Formulate frasi di confronto equivalente:

esempio: le Brigate Rosse / i terroristi neofascisti: violento
Le Brigate Rosse erano tanto violente quanto i terroristi neofascisti. (Le Brigate Rosse erano così violente come i terroristi neofascisti.)

N.B.: È facoltativo l'uso del primo elemento *(tanto, così)*. È errore scambiare gli elementi delle coppie *tanto/quanto, così/come*.

1. la verità / la responsabilità: nascosto
2. le indagini / il processo: lungo
3. l'agente segreto / i terroristi: colpevole
4. l'attentato al treno / l'omicidio politico: grave
5. la trattativa / l'accordo: complicato
6. pensare / agire: importante

C. Mettete a confronto i due sostantivi usando un aggettivo (il confronto deve risultare ineguale):

esempio: il Partito Comunista / gli estremisti
Gli estremisti sono più (meno) pericolosi del Partito Comunista.

1. il lavoro in fabbrica / il lavoro in ufficio
2. la carcerazione / la giustizia
3. la reazione del governo / l'opinione pubblica
4. il successo politico / l'onestà del candidato
5. la condanna all'ergastolo / la sedia elettrica
6. il ministro corrotto / il criminale comune

D. Scegliete la forma giusta:

1. Oggi mi sembri *più depresso / il più depresso* di ieri.
2. Il processo ai terroristi è stato *più lungo / il più lungo* dell'anno.
3. Bologna era la città *più "rossa" / la più "rossa"* d'Italia.
4. Non è vero che gli estremisti di sinistra siano *più pericolosi / i più pericolosi* degli estremisti di destra.
5. Luca è *più idealista / il più idealista* di Francesco.
6. Luca è *più idealista / il più idealista* della scuola.
7. La criminalità è il problema *più grave / il più grave* che ci sia.
8. Oggi ho studiato *più / il più* di ieri.

E. All'infinito del verbo in parentesi sostituite la forma corretta:

1. Mi stupisco che il processo (*potere*) _____ durare dieci anni.
2. Era l'indagine più difficile che ci (*essere*) _____ mai in Italia.
3. Sebbene avessero tentato di far scomparire le prove, gli agenti segreti (*confessare*) _____ le loro responsabilità.
4. Se la causa fosse giusta, tu (*giustificare*) _____ gli attentati terroristici?
5. Le Brigate Rosse avevano comunicato che (*uccidere*) _____ Aldo Moro.
6. Se la manifestazione sarà violenta, io non ci (*andare*) _____ .
7. Ha telefonato per confermare che il giorno dopo ci (*essere*) _____ l'attentato.
8. Abbiamo capito che Curcio (*uscire*) _____ dal carcere il giorno dopo.
9. A meno che i ministri non (*fare*) _____ una nuova legge, i problemi rimarranno gli stessi.
10. È importante che tutti (*partecipare*) _____ nella politica.

ANCORA LORO?

DA 45 ANNI LE STESSE FACCE. SIAMO I SOLI IN EUROPA.

Non è stabilità, è immobilismo. Non è governabilità, è un quasi-regime consociativo e spartitorio tra forze, DC e PSI, che dovrebbero essere alternative. Il suo alibi è stata la diga contro il "nemico". Che non c'è più, se mai c'è stato in Italia.

Un quasi-regime giunto al capolinea nello sfascio dello Stato, delle istituzioni, della convivenza civile, della solidarietà nazionale. E che osa chiedere di essere confermato. Ma questo paese ha bisogno di ricambio e di innovazione. Per ricostruire. Anche per questo, soprattutto per questo, è nato il partito dei democratici di sinistra. Diamo mobilità alla democrazia.

PDS

PARTITO DEMOCRATICO DELLA SINISTRA

P.D.S.

L'OPPOSIZIONE CHE COSTRUISCE

10. I PARTITI POLITICI

1. I partiti nell'Italia del dopoguerra.

Dopo il referendum del 1946 in cui gli italiani votarono di abbandonare la
monarchia a favore della repubblica, ripresero l'attività i partiti politici
aboliti durante il ventennio fascista (1922–1943). A differenza delle maggiori democrazie occidentali, la politica italiana è dominata soprattutto
dalla presenza di molti partiti e dalle diverse ideologie che li distinguono.
Benché ci sia una notevole frammentazione nel panorama politico, è importante sottolineare che la breve vita dei governi in Italia non crea necessariamente un'instabilità nel sistema politico, ma piuttosto l'immobilismo
istituzionale. Anche se è vero che, dall'entrata in vigore della nuova costituzione il primo gennaio 1948, i governi si ricambiano* in media più di
uno all'anno (negli anni Ottanta sono stati leggermente più duraturi*), è
altrettanto vero che i governi sono stati dominati dagli stessi partiti e
spesso dagli stessi uomini politici.[1] Prima di passare in rassegna* i maggiori partiti italiani, vogliamo precisare che il quadro politico in questi ultimi tempi attraversa un mutamento fino a poco tempo fa impensabile.
Per questo motivo è utile riassumere gli eventi che hanno determinato il
più importante cambiamento nella politica italiana dalla caduta del fascismo.

2. Da Tangentopoli al governo Prodi.

Nessuno avrebbe mai pensato che l'inchiesta giudiziaria* ora conosciuta
come "Mani Pulite" avrebbe portato a Tangentopoli, uno scandalo politico
di enormi proporzioni. Nel 1992, la moglie di un piccolo funzionario del
Partito Socialista milanese, recentemente divorziata, richiedeva una più

---

ricambiare = to replace; *duraturo* = lasting; *passare in rassegna* = to review, to examine;
inchiesta giudiziaria = judicial inquiry

elevata mensilità* dal marito, sbalordendo* i legali* in quanto uno stipendio medio di burocrate non consentiva tali pretese. Le indagini scoprirono subito che il marito esigeva* tangenti* nel suo lavoro, in tal modo permettendo un elevato tenore di vita alla coppia, e che questa pratica era da tempo accettata e diffusa in tutta la politica italiana: bisognava pagare – in contanti,* in nero* – per ottenere contratti, favori o espletare* prassi* burocratiche. Il denaro serviva per finanziare i partiti e per arricchire molti esponenti della classe politica. Le indagini hanno fatto cadere in disgrazia molti tra i maggiori uomini politici italiani, diversi sono finiti in prigione, un'elevata percentuale di parlamentari è stata indagata o è stata accusata di reato,* ragion per cui molti non si sono ripresentati nelle elezioni del 1994.

Già stufi per anni di malefatte attribuite alla classe politica, gli italiani hanno insistito affinché venissero concretizzate riforme e cambiamenti. I risultati più notevoli vanno da un sistema più diretto di eleggere tre quarti del parlamento a una maggiore responsabilizzazione e moralizzazione – si presume – degli eletti; il declino dell'influenza dei partiti; un nuovo metodo per finanziare i partiti; la scomparsa di alcuni partiti che dominavano la politica italiana; la creazione di nuovi partiti e coalizioni; all'affermazione di nuovi leader, molti dei quali fino a poco tempo fa estranei al mondo politico.

Il grande mutamento è cominciato con le elezioni politiche del 27-28 marzo 1994 che avevano dato vittoria a Forza Italia, un partito nato pochi mesi prima delle elezioni.[2] Creazione dell'imprenditore* Silvio Berlusconi (spesso paragonato a Ross Perot), il nuovo partito è stato a capo di una coalizione di centro-destra (o di destra, secondo alcuni osservatori) fino all'inizio del 1995. Del tutto inusuale, la coalizione di governo comprendeva Alleanza Nazionale (ex Movimento Sociale, partito neofascista, con altri aderenti venuti dalla destra di altri partiti in disgrazia) e la Lega Nord, partito di recente formazione che rivendica un'Italia federalista, divisa in tre macroregioni. In considerazione dei programmi diversi (alcuni dicono incompatibili) di queste tre formazioni politiche e i forti contrasti sia interni che tra i vertici,* erano sorte le solite difficoltà d'intesa* comuni a tutte le coalizioni che hanno governato l'Italia negli ultimi decenni. Bisogna sottolineare che la scelta degli Italiani di spostare a

---

mensilità = monthly allowance; *sbalordire* = to amaze; *legale* = lawyer; *esigere* = to demand; *tangente* = kickback; *contanti* = cash; *in nero* = under the table; *espletare* = to dispatch, to complete; *prassi* = business, paperwork; *reato* = crime; *imprenditore* = entrepreneur; *vertice* = leadership; *intesa* = agreement

destra il governo era in sintonia* con il crescente potere dei partiti di destra in Europa.

Indebolito dall'inabilità di mettere in atto i suoi programmi e anch'egli coinvolto negli scandali delle tangenti, Berlusconi ha dato le dimissioni a gennaio del 1995. Lo ha sostituito nell'incarico di presidente del Consiglio (Primo Ministro) l'economista Lamberto Dini, che si era dimesso – come aveva promesso – dopo un anno, avendo avviato alcune riforme fondamentali.

Nelle elezioni politiche del 1996 nuovi partiti e alleanze si sono contesi i voti degli italiani. Dal centro-destra si è presentata la coalizione conosciuta come il Polo della Libertà (con Forza Italia e Alleanza Nazionale e cattolici conservatori) capeggiata da Silvio Berlusconi. Ha vinto la coalizione di centro sinistra, l'Ulivo (che include il Partito Democratico di Sinistra – ex Partito Comunista Italiano – l'Unione Democratica dell'economista Romano Prodi, Rifondazione Comunista e il Partito Popolare Italiano). Il programma del presidente del Consiglio Prodi sarà principalmente di portare avanti le difficilissime riforme economiche iniziate dal governo Dini, e l'alleanza con gli ex comunisti fa sperare che sarà più facile convincere gli italiani di fare i sacrifici necessari per risanare l'economia. Nella storia politica italiana è la prima volta dal lontano 1948 che l'erede del Partito Comunista Italiano partecipa al governo.

Ora esaminiamo brevemente i partiti politici che hanno avuto un ruolo primario nella politica italiana del dopoguerra.

3. Forza Italia.

Creato da Berlusconi alla fine del 1993 per contrastare la possibilità di un governo dominato dalla sinistra dopo la caduta del vecchio sistema, Forza Italia era diventato in pochi mesi il partito più grande d'Italia, assorbendo molti elettori della Democrazia Cristiana e del Partito Socialista Italiano, entrambi duramente puniti per i fatti di Tangentopoli. Nel 1994 il programma del partito era soprattutto economico. Berlusconi aveva promesso la ripresa dell'economia attraverso la creazione di un milione di nuovi posti di lavoro, la privatizzazione dell'economia di stato, una riforma del sistema pensionistico e di assistenza medica – spese enormi sostenute dallo Stato – il tutto accompagnato da un taglio alle tasse. Per i suoi detrattori questo programma era poco realistico e i più cinici credono che Berlusconi sia entrato nella politica per difendere i suoi enormi interessi

---

sintonia = harmony

economici (reti televisive, giornali, riviste, supermercati, ecc.). Nelle elezioni politiche del 1996 ha ricevuto il 91% dei voti per la Camera dei Deputati.

4. Partito Popolare Italiano (ex Democrazia Cristiana).

Dal 1948 al 1994, dalla Democrazia Cristiana (DC) sono venuti presidenti del Consiglio per 49 governi.[3] Benché la DC non abbia mai avuto una maggioranza assoluta dagli elettori, poteva contare su circa un terzo dei voti, fino al recentissimo, disastroso calo* nazionale. La storia della DC risale al 1919, quando un prete, Don Luigi Sturzo, fondò il Partito Popolare con l'intenzione di unire i cattolici per assicurarne il potere politico. Sebbene tutti i partiti fossero stati aboliti da Mussolini, il potere della chiesa cattolica crebbe in Italia con il concordato del 1929, l'accordo in cui il Vaticano riconosceva per la prima volta dal 1870 lo Stato italiano. Da parte sua, il governo italiano accettò di introdurre l'insegnamento della religione cattolica nelle scuole, riconoscendola quale religione di Stato. Acconsentì anche la propaganda dell'Azione Cattolica, un'organizzazione laica* che aiuta il clero. Dopo la caduta del fascismo nel 1943, il partito cattolico fu ricostituito con il nome Democrazia Cristiana. Alla base della filosofia democristiana c'era la fedeltà alla chiesa cattolica e l'apertura alle masse.

Dalla fine della seconda guerra mondiale fino agli anni Settanta, la DC ha avuto il vantaggio di ricevere l'appoggio del governo americano, in quanto considerata la migliore speranza per combattere i comunisti durante il periodo della guerra fredda e il partito che più di tutti esprimeva l'adesione dell'Italia al modello occidentale. Ma tale appoggio a volte fu discutibile, se non illecito, come, ad esempio, per gli aiuti finanziari ricevuti dall'America.[4] Partito di centro nell'arcobaleno* politico, la DC, con la sua politica anticomunista, alleata indiscutibile degli Stati Uniti, era identificata come "il partito d'America" ed ha avuto il merito di aver guidato il governo durante la ricostruzione dell'Italia nel dopoguerra e negli anni del "miracolo economico," dal 1953 al 1963 circa.

Senza negare meriti e successi alla DC, le critiche – ultimamente molto pesanti – che le sono state rivolte* sono altrettanto giustificate. Esponenti del partito sono stati coinvolti in molti scandali, la corruzione è stata scoperta a tutti i livelli governativi: tangenti, bustarelle,* clientelismo

---

calo = drop (in popularity); *laico* = lay, secular; *arcobaleno* = rainbow (spectrum); *rivolto* = turned, addressed; *bustarella* = bribe

sfacciato,* mancata applicazione di leggi in vigore,* manovre segrete e il-
legali per tenere in scacco* i partiti di sinistra, soprattutto i comunisti, as-
sociazioni malavitose,* come la mafia.[5]

Nella DC c'è sempre stato posto per diverse correnti, da cattolici conservatori a gruppi più progressisti, una coesistenza che a volte ha reso difficile il consenso. Un altro problema che ha inciso* negativamente sull'immagine della DC è stata l'identificazione del partito con troppi capi
storici, alcuni dei quali hanno avuto oltre quarant'anni di attività ai vertici. Con ogni nuovo governo questi "mostri sacri"* venivano riciclati in
altri incarichi, anche se considerati compromessi da molti elettori. Il Partito Popolare Italiano, l'erede della vecchia DC frammentatasi in altri partiti, è stato schiacciato* dalle coalizioni di destra e di sinistra nel 1994.
Nelle elezioni politiche del 1996, si sono presentati tre partiti venuti dalla
vecchia DC: il Partito Popolare, alleato della coalizione progressista del-
l'Ulivo, e i più conservatori Centro Cristiano-Democratici e Centro
Democrazia Unitaria, presentatisi con la coalizione di centro-destra.

5. Il Partito Democratico della Sinistra (ex Partito Comunista Italiano).

Nato nel 1921 da una scissione dal Partito Socialista Italiano, il Partito
Comunista Italiano (PCI) per molti anni è rimasto legato ai nomi dei suoi
fondatori: Antonio Gramsci, morto nel 1937 in una prigione fascista, e
Palmiro Togliatti, il quale ha guidato il partito negli anni chiave del dopoguerra fino alla morte nel 1964. Con la crisi dei regimi comunisti e la
caduta di molti di questi nel 1989–90, il PCI, visto il continuo calo nel
numero dei suoi elettori dopo un massimo del 34,4% raggiunto* nel 1976,
ha cambiato nome e simbolo. Dal gennaio del 1991 si chiama Partito Democratico della Sinistra e ha per simbolo una grande quercia* con la
falce* e martello posti alle radici. Certo, la presenza del più grande partito
comunista del mondo occidentale in una nazione con un alto tenore di
vita, tra le prime potenze economiche, da tempo sembrava un anacro-
nismo. La crisi degli eredi* del comunismo italiano, quindi, è anche
dovuta a sviluppi interni: le masse operaie, i cui diritti sarebbero tutelati*
dall' ex PCI, sono più prospere e l'alternativa comunista è diventata poco
attraente.

---

sfacciato = bold, brazen; in vigore = in effect (on the books); scacco = check; malavitoso =
criminale; incidere = to cut into (to influence); "mostri sacri" = sacred cows; schiacciato =
crushed; raggiunto (raggiungere) = reached; quercia = oak; falce = sickle; erede = heir;
tutelato = defended

L'ex PCI, benché nel passato avesse regolarmente appoggiato la politica estera dell'Unione Sovietica, a volte ha anche asserito la sua indipendenza dalla linea sovietica. Nel 1956, ad esempio, non approvò l'invasione dell'Ungheria; nel 1968 condannò l'entrata dell'esercito sovietico in Cecoslovacchia, e negli anni Ottanta prese le distanze dalle manovre del Partito Comunista Polacco (appoggiato dal Cremlino) per sopprimere* i moti operai in quella nazione. Da tempo il PCI aveva abbandonato la strategia della rivoluzione per arrivare al potere, e la sua partecipazione politica si atteneva* alle regole democratiche che governano la Repubblica Italiana.

Per molti anni, però, una gran parte della popolazione ha temuto che il PCI preparasse la rivoluzione. Tra chi favorì la monarchia nel referendum del 2 giugno 1946 (solo il 51% dei votanti preferì la repubblica), c'erano molti cittadini convinti che essa offriva la migliore garanzia contro un governo dominato dalla sinistra. Perseguitati a lungo dal governo fascista, molti comunisti italiani avevano perso la vita durante la resistenza. Avendo svolto un ruolo di primo piano nella lotta contro il fascismo, forte dell'esperienza clandestina, il PCI uscì dalla seconda guerra mondiale meglio organizzato degli altri partiti italiani. La chiesa cattolica, temendo persecuzioni, si sentì minacciata dai comunisti e diede il suo appoggio alla DC. Dopo il colpo di stato comunista in Cecoslovacchia nel 1948, la paura per il comunismo crebbe in Italia. Approfittandone, la Chiesa e la DC usarono un'abile campagna propagandistica per assicurare una perdita di voti ai partiti di sinistra nelle elezioni del 1948. Estromesso dalla partecipazione al governo, il PCI non ha mai fatto parte delle coalizioni nazionali dominate dalla DC.

Le discutibili scelte politiche dei capi del partito negli ultimi anni avevano fatto rimpiangere* Enrico Berlinguer, carismatico segretario generale del PCI fino alla morte nel 1984. A Berlinguer va il merito di aver guidato il partito in un periodo difficile nella storia recente, facendo scelte coraggiose per il bene della nazione, come l'appoggio dato nel 1976 – in un momento di crisi – al governo capeggiato dalla DC pur senza parteciparvi formalmente: un preludio al "compromesso storico" delineato da Berlinguer nel 1973 ma mai attuato, e cioè la cooperazione dei comunisti con il partito cattolico accarezzata anche da Aldo Moro, capo DC ucciso dalle Brigate Rosse nel 1978.

Chiuso per sempre il capitolo rivoluzionario, l'erede del PCI, il Partito Democratico della Sinistra, è un partito progressista, socialdemocratico, poco somigliante al vecchio antenato.* Nelle elezioni del '96, molti italiani

---

sopprimere = suppress; *attenersi* = to abide by; *rimpiangere* = to lament the loss of (someone); *antenato* = ancestor

Un voto nuovo per un valore antico: la vita.

VOTA: CRAVERI

(SCHEDA GRIGIA) CAMERA DEI DEPUTATI MILANO-PAVIA

Mi presento per la prima volta alle elezioni politiche e il mio impegno sarà prevalentemente rivolto alla salvaguardia del valore più importante: la vita. Per cui seguirò con particolare attenzione i problemi che la moderna bioetica pone, affinché siano risolti in una visione cristiana. Forte sarà pure il mio impegno per tutto ciò che riguarda la tutela della famiglia. Nell'ambito del settore sanitario-assistenziale, avvalendomi dell'esperienza fatta in 30 anni di professione medica, mi assumerò l'onere di promuovere un vero rinnovamento della sanità pubblica. Ma non mancherò di essere particolarmente sensibile anche nei confronti della lotta contro la criminalità e le disfunzioni degli altri servizi pubblici.

UN IMPEGNO SOCIALE E CRISTIANO, È UN IMPEGNO PER LA VITA.

hanno creduto nelle capacità del PDS di governare e l'hanno mandato al governo nella coalizione dell'Ulivo con il 21% circa di preferenze. Dall'ala dura stalinista dell'ex PCI è nato un altro partito, Rifondazione Comunista, che nelle ultime elezioni ha ricevuto il 9% circa dei voti degli italiani. Rifondazione appoggia la coalizione dell'Ulivo.

6. Il Partito Socialista Italiano.

La possibilità di una sinistra dominata dall'ex PCI innervosiva non pochi membri del Partito Socialista Italiano (PSI), che fino agli scandali di Tangentopoli era il terzo partito d'Italia, con circa il 14% dei seggi in Parlamento, ma che negli anni Ottanta ha esercitato un potere politico sproporzionato al numero di voti ottenuti. Fondato nel 1892, fu indicato dalla propaganda fascista quale responsabile dei problemi che dopo la prima guerra mondiale affliggevano* l'Italia. Abolito durante il fascismo, alla fine della seconda guerra mondiale, per circa un ventennio, il PSI segue una politica molto vicina al PCI. In seguito a un continuo calo di popolarità, il partito prende posizioni più indipendenti dal PCI, con il quale veniva spesso identificato e anche ritenuto subalterno.* Nel 1976 viene eletto segretario Bettino Craxi, e il PSI subisce un mutamento profondo. Per sottolineare la trasformazione, come simbolo del partito viene sostituito alla falce e martello un garofano* rosso, affermazione di abbandono definitivo della fede marxista.

Nel 1978, la crescita di potere del PSI viene confermata con l'elezione alla presidenza della Repubblica del socialista Sandro Pertini, la prima volta che la carica non veniva data a un democristiano. Dal 1983 al 1987 Craxi è presidente del Consiglio, rimanendo in carica più a lungo di qualsiasi altro presidente del Consiglio dalla formazione della Repubblica. Per i suoi modi decisi e per le evidenti ambizioni politiche, Craxi veniva duramente criticato. In certe vignette politiche era spesso ritratto come un nuovo Mussolini: completamente calvo* (lo è solo parzialmente), con la mascella* sporgente e gli stivali da squadrista.* I successi del PSI avevano sensibilmente accresciuto il numero di elettori del partito, ma allo stesso tempo avevano procurato non pochi giudizi negativi e molti sospetti per l'evidente opportunismo politico. Nel 1992, questi sospetti sono stati confermati con la rivelazione dello scandalo di Tangentopoli, che ha coinvolto molti esponenti socialisti, allargandosi* poi ad altri partiti. All'inizio del

---

affliggere = to afflict; *subalterno* = inferior, subordinate; *garofano* = carnation; *calvo* = bald; *mascella* = jaw; *squadrista* = fascist squad member; *allargarsi* = to spread

Una donna sa dare valore alle cose che contano.

Anche in Parlamento.

Questo annuncio è dedicato a tutti gli Italiani, donne e uomini, che il 5 e 6 aprile andranno a votare per rinnovare il Parlamento, inaugurando l'istituto della preferenza unica. Questa innovazione contribuisce a stabilire un rapporto più diretto tra candidati ed elettori, ma richiede una maggiore consapevolezza e responsabilità di scelta, anche nei confronti delle donne, ancora poco rappresentate. Nel nostro Paese, infatti, la percentuale di donne parlamentari ci colloca agli ultimi posti tra le moderne democrazie occidentali. Con il voto del 5 e 6 aprile questa percentuale può migliorare. Spetterà a voi elettori colmare lacune e disparità con l'obiettivo di realizzare una democrazia più moderna, completa e rappresentativa. La sensibilità e la concretezza delle donne garantirà al nuovo Parlamento una maggiore vicinanza ai bisogni della gente e una salutare ventata di novità.

Presidenza del Consiglio dei Ministri

Commissione parità uomo donna

Più voti alle donne, più valore alla politica.

'93, per l'aggravarsi dello scandalo delle tangenti, Craxi ha dovuto dare le dimissioni dalla segreteria del partito. Essendo indagati* dalla magistratura molti funzionari socialisti, il PSI è praticamente scomparso dalla scena politica, una catastrofe inconcepibile durante la recente era Craxi, quando il partito si identificava completamente con il suo potentissimo segretario, funzionando come una ben oliata macchina politica-elettorale per contrattare posti e voti.

7. I partiti minori.

Siccome nessun partito italiano è stato mai capace di ottenere una maggioranza assoluta per governare da solo, gli anni Ottanta hanno visto una coalizione di cinque partiti alla guida del Paese (quattro alla fine del decennio e fino al '93). Tre dei cosiddetti "partiti minori" del centro (ognuno contava tra il 2 e 5% di seggi parlamentari) hanno avuto un ruolo importante nel funzionamento delle recenti coalizioni governative capeggiate dalla DC e dal PSI: il Partito Social Democratico Italiano (PSDI), il Partito Liberale Italiano (PLI) e il Partito Repubblicano Italiano (PRI), da cui è venuto anche un presidente del Consiglio. Questi piccoli partiti, anche se hanno avuto lunghe tradizioni (risale al Risorgimento e alla lotta contro la monarchia il Partito Repubblicano), sono scomparsi dopo i fatti di Tangentopoli.

Altri piccoli partiti rispondono ad esigenze più attuali. Durante gli anni Settanta il Partito Radicale, di sinistra, è venuto alla ribalta* introducendo due referendum che hanno inflitto pesanti sconfitte politiche ai democristiani e alla Chiesa: quello sul divorzio e quello sull'aborto. In seguito al prestigio ottenuto da questi successi politici, si è identificato con cause più controverse, come la legalizzazione delle droghe leggere, e con personaggi di notorietà discutibile fatti eleggere dal partito, come Cicciolina, attrice di film pornografici. Ultimamente, ciò che rimane del Partito Radicale si è presentato con una lista di candidati che porta il nome del suo fondatore e influente animatore, Marco Pannella.

I Verdi, partito degli ambientalisti, è nato sulla scia* di altri simili partiti europei. Il suo programma, basato sulla tutela* dell'ambiente, ha trovato un numero di aderenti sufficiente a dare un nuovo impulso ad azioni concrete intese ad avviare soluzioni ad un problema che si rivela sempre più grave. In vita da pochi anni, i Verdi appoggiano la coalizione progressista. Sorto nel 1992, il partito che porta il nome La Rete ha come

---

indagato = investigated; *ribalta* = limelight; *scia* = wake; *tutela* = safeguarding

SABATO 27 MARZO
ORE 11,00
PIAZZA S. MARIA NOVELLA

MANIFESTAZIONE POPOLARE
LEGA NORD - TOSCANA
PER
"SALVARE FIRENZE"
VIA DA FIRENZE LA GIUNTA
DELL'IMMOBILISMO,
DEGLI SCANDALI E DEL DEGRADO!
VIA GLI INCAPACI DAL GOVERNO DELLA CITTA'!

FIORENTINI!

ESPRIMETE LA VOSTRA RABBIA E IL VOSTRO GIUSTO DESIDERIO DI ONESTA' E DI RINNOVAMENTO PARTECIPANDO ALLA GRANDE MANIFESTAZIONE DELLA LEGA NORD - TOSCANA.

SARANNO PRESENTI ALLA MANIFESTAZIONE:

On. Riccardo FRAGASSI
Deputato eletto nella Circoscr. Firenze Prato Pistoia

Paolo SARCHINI Segretario Provinciale di Firenze
Piervincenzo BALOCCHI Segretario della Sezione Comunale di Firenze

LEGA NORD - TOSCANA - Via D.M.Manni 55 - 50135 FIRENZE - Tel. 055/65.40.225

programma la lotta contro la mafia e la corruzione dei partiti. Attivo soprattutto in Sicilia, è il secondo partito in alcune grandi città dell'isola,
ma la sua continuazione è minacciata* per gli scarsi consensi ricevuti nelle
ultime elezioni.

8. Alleanza Nazionale (ex Movimento Sociale Italiano).

Benché nel 1960 avesse dato il suo appoggio a un governo democristiano
ed avesse avuto una preoccupante impennata* di popolarità un decennio
dopo, il Movimento Sociale Italiano (MSI) fino agli scandali che hanno
travolto i partiti di governo nel 1992, non riusciva a convincere più del
7% dell'elettorato nazionale. Partito di destra, di ispirazione neofascista, il
MSI fu fondato dopo la guerra da sostenitori del vecchio Partito Fascista.
Avendo assorbito il vecchio Partito di Unità Monarchica, nel 1972 mutò la
propria denominazione in MSI-Destra Nazionale. Negli anni Settanta fu
toccato da scandali in seguito all'appoggio dato al terrorismo da alcuni
suoi esponenti, ragione per cui ebbe scarsa influenza politica per circa un
decennio. Dagli inizi degli anni Novanta il MSI ha ripreso quota, benefi-
ciando dalla corruzione dei due maggiori partiti di governo e lanciando
una nuova immagine più moderata e più giovane, in cui figura anche la
nipote del Duce, Alessandra, giovane attrice senza esperienze politiche ma
neo-deputata al Parlamento. Per le elezioni politiche del 1994, il MSI
aveva cambiato denominazione, diventando Alleanza Nazionale, nel tentativo di presentare un volto più accettabile all'elettorato. L'impresa è
riuscita con la partecipazione nella vittoria della destra (l'alleanza nel
Polo della Libertà, con Forza Italia e la Lega Nord), con circa il 14% del
voto. Nell'Alleanza Nazionale predomina la corrente che considera positiva l'eredità del fascismo pur riconoscendone alcuni errori, soprattutto le
leggi razziali. Le preferenze elettorali per questo partito nelle elezioni
politiche del 1996 raggiungono il 16% circa.

9. La Lega Nord.

Fenomeno recente, da molti giudicato negativo, la Lega Nord raccoglie
consensi soprattutto nel nord del Paese, suscitando qualche interesse
anche in alcune regioni centrali. Rifiutando i partiti tradizionali, negli ultimi anni un numero cospicuo di elettori (intorno al 9% nazionale, ma

---

minacciato = jeopardized; *impennata* = rise

fino al 40% a Milano e il 20% in Lombardia, la regione più ricca) aveva
scelto di appoggiare la Lega per protestare contro la burocrazia della capitale, lo sperpero* di fondi pubblici per imprese che hanno dato scarsi
risultati e il contributo, ritenuto sproporzionato, imposto dal governo alle
regioni benestanti del Nord per aiutare a risanare* il Sud, da molti considerato di poca efficienza e bassa produttività.

Nel disprezzo* dei leghisti per il meridione d'Italia affiorano* sentimenti
razzisti che hanno dato luogo a spiacevoli incidenti di cui sono state vittime alcuni emigrati meridionali. Altrettanto preoccupante è la pretesa di
una superiorità dei gruppi etnici del Nord. Nelle elezioni politiche del
1994, la Lega, alleata con Forza Italia e Alleanza Nazionale, era uscita
vincente anche se aveva perso parecchi elettori che avevano abbandonato
il partito a favore del più moderato Forza Italia. Nelle ultime elezioni del
1996, la Lega ha ottenuto il 10% circa delle preferenze per la Camera, al-
leandosi con la coalizione di centro-destra.

NOTE

1 L'esito del referendum del 18 aprile 1993 e, soprattutto, delle elezioni
   politiche del 27–28 marzo 1994, hanno cambiato il quadro politico italiano,
   ma è ancora presto per tirare le somme. Compromessi dagli scandali noti
   come Tangentopoli, tutti i vecchi capi politici caduti in disgrazia sono stati
   estromessi dal governo.

2 Il nome del partito è preso dalle parole d'incitamento rivolte dai tifosi alla
   squadra nazionale di calcio italiana, la quale conta molti giocatori del Milan,
   il cui proprietario è Berlusconi.

3 L'Italia ha avuto 53 governi dal 1948 al 1995. L'ex presidente del Consiglio
   Carlo Azeglio Ciampi (in carica dopo il referendum del 18 aprile 1993 fino
   alla formazione del governo Berlusconi), anche se non è stato un politico di
   professione (è stato governatore della Banca d'Italia), era comunque considerato di "area" democristiana.

4 Lo scandalo dei finanziamenti illeciti sollecitati da quasi tutti i partiti politici
   italiani nell'ultimo decennio (Tangentopoli) ha rimesso in luce la questione
   dei finanziamenti clandestini dei partiti. E' stato reso noto negli ultimi anni
   che il Cremlino passava notevoli somme di denaro al PCI. Dall'altra parte,
   l'ex direttore della CIA, William Colby, l'uomo della CIA a Roma dal '53 al
   '58, confermò che l'America diede cospicue somme di denaro alla DC e ai

---

sperpero = waste; *risanare* = to improve; *disprezzo* = disdain, contempt; *affiorare* = to surface

suoi alleati per impedire, secondo lui, che l'Italia diventasse comunista.
Secondo alcuni studiosi la cifra sarebbe stata intorno ai 25 milioni di dollari
annui. Vedere Ennio Caretto, "Dollari ai partiti. Così nacque Tangentopoli?",
La Repubblica, 5/5/93, p. 8.

5 Per i rapporti della DC con la mafia, vedere Alexander Stille, *Excellent
Cadavers: The Mafia and the Death of the First Italian Republic* (Pantheon,
1995).

PER SAPERNE DI PIÙ

Agosti. A., et al. *Togliatti e la fondazione dello stato democratico*. Milano: Franco
Angeli, 1986.

Amyot, C. Grant. *The Italian Communist Party: The Crisis of the Popular Front
Strategy*. Westport, Conn.: St. Martin's Press, 1981.

Andreoli, Marcella. "Un terzo, un terzo, un terzo." *Panorama*, 17/5/92, pp. 42–3.

Andreoli, Marcella, Romano Cantore e Angelo Pergolini. "Confesso che ho pagato." *Panorama*, 9/5/93, pp. 52–4.

Asor Rosa, Alberto. *Le due società: ipotesi sulla crisi italiana*. Torino: Einaudi,
1977.

Berlinguer, Enrico. *La Questione comunista 1969–1975*. Roma: Editori Riuniti,
1975.

Bozzo, Gianni Baget. "Politica dello Sturzo." *Panorama*, 8/8/93, pp. 52–3.

Brusadelli, Stefano. "Gli Spartiti." *Panorama*, 17/5/92, pp. 38–41.

Buongiorno, Pino e Andrea Monti. "Che Italia ha in mente il Cavaliere."
Panorama, 8/4/94, pp. 7–10.

Caretto, Ennio. "Dollari ai partiti. Così nacque Tangentopoli?" *la Repubblica*,
5/5/93, p. 8.

Donolo, Carlo. *Mutamento o transizione?: politica e società nella crisi italiana*.
Bologna: Il Mulino, 1977.

Ferraresi, Franco. *Burocrazia e politica in Italia*. Bologna: Il Mulino, 1980.

Fusaro, Carlo. *La scommessa della riforma: qualche proposta per una democrazia
che funzioni*. Roma: Edizioni della Voce, 1987.

Ginsborg, Paul. *Storia d'Italia dal dopoguerra a oggi: società e politica,
1943–1988*. Torino: Einaudi, 1989.

Lyttleton, Adrian. "Italy: The Triumph of TV." *The New York Review of Books*,
August 11, 1994, pp. 25–9.

Harris, W.V. "Italy: Purgatorio." *The New York Review of Books*, March 3, 1994,
pp. 38–41.

Hine, David. *Governing Italy: The Politics of Bargained Pluralism*. Oxford:
Clarendon Press, 1993.

Kertzer, David. *Comrades and Christians: Religion and Political Struggle in Communist Italy*. Cambridge-New York: Cambridge University Press, 1980.

Kogan, Norman. *A Political History of Italy: the Postwar Years*. Praeger, 1983.

Kramer, Jane. "Letter from Europe." *The New Yorker*, 21/9/92, pp. 108–24.

La Palombara, Joseph. *Democracy Italian Style*. New Haven, CT: Yale University Press, 1987.

Mammarella, Giuseppe. *L'Italia contemporanea (1943–1989)*. Bologna: Il Mulino, 1990.

Pansa, Giampaolo. *Ottobre, addio: viaggio fra i comunisti italiani*. Milano: Mondadori, 1982.

Penniman, Howard, ed. *Italy at the Polls, 1983: A Study of the National Elections*. Durham, NC: Duke University Press, 1987.

Pierson, Christopher. *Marxist Theory and Democratic Politics*. Berkeley: University of California Press, 1986.

Putnam, Robert, con Robert Leonardi e Raffaella Nanetti. *Making Democracy Work: Civic Traditions in Modern Italy*. Princeton, NJ: Princeton University Press, 1993.

Rosati, Renzo. "Fenomeno Silvio." *Panorama*, 8/4/94, pp. 11–13.

Rossi, Mario. *Da Sturzo a De Gasperi: profilo storico del cattolicesimo politico del novecento*. Roma: Editori Riuniti, 1985.

Sassoon, Don. *Contemporary Italy: Politics, Economy, and Society Since 1945*. London-New York: Longman, 1986.

– *The Strategy of the Italian Communist Party: From the Resistence to the Historic Compromise*. Westport, CT: St. Martin's Press, 1981.

Stille, Alexander. *Excellent Cadavers: The Mafia and the Death of the First Italian Republic*. New York: Pantheon, 1995.

I. Rispondete alle seguenti domande:

1. Perché si può affermare che il sistema politico italiano è stabile?
2. Che cosa ha scoperto l'inchiesta conosciuta come "Mani Pulite?"
3. Quali sono alcune riforme e cambiamenti recenti nella politica italiana?
4. Qual è l'importanza di Forza Italia?
5. Quali sono alcune ragioni per cui la DC era il primo partito politico d'Italia?
6. Quali sono stati i meriti della DC? Quali sono le critiche che le vengono rivolte?
7. Come si chiama l'ex PCI? Perché ha dovuto cambiare?

8. Perché è erroneo affermare che il PCI ha sempre seguito la linea
   sovietica?
9. Quali sono i motivi per cui il PCI fu estromesso dal governo subito
   dopo la formazione della Repubblica Italiana?
10. Chi era Berlinguer? Qual è stato il suo contributo?
11. Perché è stato importante il PSI in Italia?
12. Perché per molti anni il PSI ha sofferto un declino di popolarità?
13. Perché, anche se il PSI veniva considerato un'importante forza poli-
    tica, allo stesso tempo suscitava forti dubbi?
14. Quali sono i partiti minori? Che importanza hanno o hanno avuto?
15. Che politica segue Alleanza Nazionale (ex Movimento Sociale Ita-
    liano)? Qual è la sua importanza negli ultimi anni?
16. Qual è il programma politico della Lega Nord?

II. Proposte per elaborazioni orali o scritte.

A. Dopo aver letto bene il capitolo, cercate in riviste e giornali italiani un
   articolo che tratti qualche aspetto dell'attuale situazione politica italiana. Presentate il contenuto dell'articolo in classe, cercando di inte-
   grarlo nel contesto del capitolo. Ci sono informazioni nell'articolo che
   possono indicare un'evoluzione rispetto al contenuto di questo capitolo?

B. Alcuni studiosi affermano che la presenza di molti partiti politici
   fanno dell'Italia una delle nazioni più democratiche del mondo. Siete
   d'accordo? Quali sono gli svantaggi della presenza di molti partiti
   politici?

C. In Italia si è recentemente ridotto il numero di partiti politici presenti
   in Parlamento attraverso una legge che stipula la percentuale minima
   di voti necessari per far sedere i rappresentanti di un partito nel-
   l'assemblea governativa. Chi ha proposto tale cambiamento afferma
   che in questo modo si risolverebbero i problemi dovuti alla frammentazione partitica caratteristica della politica italiana, perché i cosiddetti partiti minori dovrebbero confluire nelle formazioni politiche più
   grandi. Pensate che sia una buon'idea? Perché pensate che non sia
   facile organizzare un terzo partito politico negli Stati Uniti?

D. Scegliete un partito politico italiano, e, tenendo conto del contenuto
   del capitolo ed altre informazioni di vostra conoscenza, preparate
   quello che *potrebbe* essere il programma del partito, indicandone le

posizioni fondamentali. Dividetevi in gruppi secondo il partito scelto e organizzate un dibattito o campagna elettorale da svolgere in classe.

E. Osservate la pubblicità politica in queste pagine. Che cosa vuole indicare ogni candidato di sè e del partito che rappresenta?

III. Esercizi.

A. Date l'equivalente in italiano:

1. I think I won't vote.
2. They are afraid that the Communists might govern.
3. The secretary of the party believes he has enough supporters.
4. If you were president, what would you do?
5. Their rights are supposedly upheld by the Socialists.
6. We wrote that there would be difficulties for the new political party.
7. Although the compromise had been approved, many ministers still did not agree.
8. If their power grows, they will pass their program.

B. Al discorso indiretto, sostituite una frase con l'imperativo (attenzione alle forme negative):

esempio: Carlo ha detto al segretario di cominciare il discorso.
   Carlo ha detto al segretario: "Cominci il discorso!"

1. Il presidente ha ordinato ai membri del parlamento di studiare la legge.
2. I parlamentari hanno detto agli italiani di pagare le tasse.
3. Gli uomini d'affari hanno chiesto ai politici di non fare disperare la gente.
4. Ho detto a Mario di non giudicare male il partito.
5. Abbiamo esortato il ministro a finire presto.
6. Mi hai ordinato di venire subito.
7. Ci hanno detto di non eleggere quel candidato.
8. Mi hanno suggerito di non spendere fondi pubblici per comprare una casa.
9. Il capo dello stato ha gridato al giornalista di leggere meglio i giornali.
10. Ha detto all'amico di cercare i politici corrotti.

11. Il capo dei servizi segreti ha detto al dottor De Castris e al-
l'onorevole Pelliccia di prendere il denaro.

12. Avete comandato ai compagni di partito di non votare per le
nuove tasse.

C. Riscrivete le frasi sostituendo pronomi ai vocaboli in corsivo (attenzione all'accordo):

esempio: I milanesi hanno dato soldi al nuovo partito.
I milanesi glieli hanno dati.

1. Hanno offerto automobili blu ai parlamentari.
2. Credevo che avessero dato la guida del governo al ministro.
3. Temevano che l'esponente terrorista gli avesse portato il pacco.
4. Aveva scritto che i disonesti avrebbero venduto i voti al vecchio
capo.
5. Siete sicuri che lei ha detto la verità?
6. È giusto che abbiate spiegato le vostre difficoltà al candidato.
7. Avevi sempre dubitato che mi avrebbero mandato le
informazioni.
8. Hanno deciso di spedire a te le schede.
9. Volevano fare un favore a tutta la popolazione.
10. Era strano che i rivoluzionari dovessero lasciare i manifesti alla
polizia.

D. All'infinito del verbo sostituite la forma corretta (può essere anche
l'infinito):

1. Per molti anni, una gran parte della popolazione temeva che il
PCI (*preparare*) _____ la rivoluzione.
2. Benchè se ne parli spesso, la speranza di un rinnovamento del
partito non (*essere*) _____ ancora realtà.
3. Secondo le fonti di governo, il capo dello stato (*essere*)
_____ ora in esilio.
4. Se la Chiesa non (*appoggiare*) _____ la DC, questo
partito non sarebbe ora così forte.
5. È vero che tu non (*sentire*) _____ mai parlare delle
Brigate Rosse?
6. Abbiamo ascoltato un uomo che (*criticare*) _____ il
governo.

7. Dubitava di (*potere*) _____ convincere tutti a votare per il partito più progressista.
8. Cercavano un candidato che (*potere*) _____ piacere alle masse operaie.
9. I progressisti volevano (*cercare*) _____ il dialogo con i conservatori.
10. Quando i corrotti (*uscire*) _____ dal governo, la situazione migliorerà.
11. Benché il fascismo in Italia sia finito da tempo, il MSI non (*rinunciare*) _____ a cantarne le lodi.
12. Gli studenti gli (*prendere*) _____ il microfono perché smettesse di parlare.

PARTE TERZA

SVILUPPI

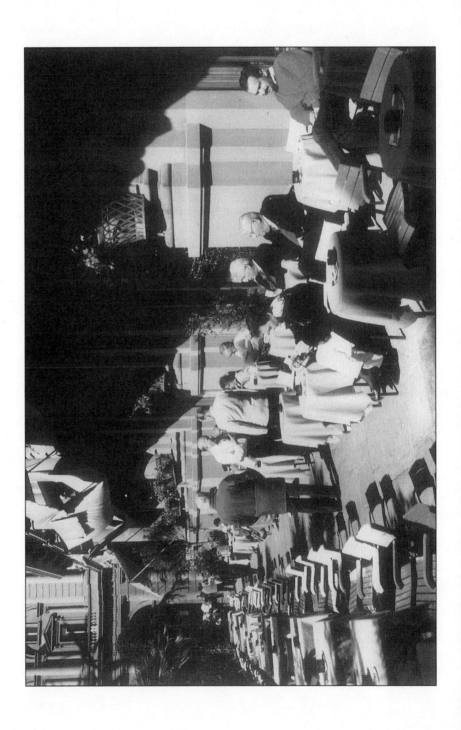

11. IL NUOVO BENESSERE

1. Qualche stereotipo di alcuni anni fa.

Certi aspetti dell'immagine della società italiana largamente diffusi un ventennio fa, non solo in America ma anche altrove nel mondo, oggi desterebbero senz'altro meraviglia. L'assenza di tutto ciò che poteva suggerire un minimo di benessere era evidente in questo quadro che all'osservatore odierno fa piuttosto pensare a un film neorealista. Gli italiani, quindi, sembravano per la maggior parte poveri: se abitanti di città, erano stipati* in appartamentini che mancavano dei più elementari elettrodomestici; se erano nelle campagne, per sfamare la famiglia numerosa lavoravano duramente per lunghe ore in piccoli campi poco redditizi.* Le donne si occupavano anche della casa, ingegnandosi* a preparare pasti in cui predominavano cibi poveri, soprattutto farinacei* e verdure. I mobili apparivano vecchi e sgangherati.* I maschi sembravano che girassero sempre in canottiera, forse perché non si potevano permettere il lusso di una camicia. In una nazione che offriva poche speranze ai suoi cittadini, sembrava che nella classe operaia predominasse l'analfabetismo, o comunque si arrivava al massimo a conseguire la licenza della scuola media perché bisognava lavorare. La disoccupazione era dilagante, gli stipendi erano da fame. Insomma, non c'era da stupirsi se tanti italiani avevano lasciato il Paese per cercare una vita più dignitosa altrove.

2. Un nuovo diffuso benessere.

Anche il più breve soggiorno in Italia basta ad eliminare ogni ombra di dubbio sull'elevato tenore di vita di cui in genere godono oggi gli italiani, o per correggere stereotipi diffusi dal cinema o dalla televisione. Anche se

---

stipato = packed; *redditizio* = paying, remunerative; *ingegnandosi* = doing one's best; *farinacei* = starches; *sgangherato* = rickety

la lira è stata recentemente svalutata di circa un terzo del suo valore, al primo impatto balzano agli occhi i prezzi, che possono essere piuttosto alti nelle città. Si va a cercare un albergo dove dormire, ma è difficile trovare un camera decente per meno di centomila lire a sera (molto di più nelle cosiddette città d'arte, Venezia, Firenze e Roma) e i prezzi vanno subito alle stelle. Spesso per comodità si vuol fare la prima colazione in albergo, però a volte vi si è anche obbligati per avere la camera. Un caffè, pane, burro e marmellata vengono a costare un minimo di ottomila lire in un alberguccio a una stella (le categorie vanno da un minimo di una stella a un massimo di cinque stelle). Tentati dai profumi che emanano dalle cucine, all'ora dei pasti si comincia a guardare i prezzi sui menù esposti nelle bacheche* all'entrata dei ristoranti. C'è da stupirsi: i ristoranti sembrano sempre affollati, sia nel primo pomeriggio che di sera, ma è difficile trovare il cosiddetto "menù turistico" per meno di ventiduemila lire. Ordinando dal menù è più comune pagare dalle trentacinque alle sessantamila lire ed è facile arrivare alle ottantamila e oltre. Passeggiando per una qualsiasi città italiana (ma anche in un paesino), non è difficile notare che gli italiani molto spesso si vestono elegantemente: abbigliamento firmato* all'ultima moda, pellicce ed accessori molto curati. Una rapida occhiata alle vetrine conferma che i prezzi dell'abbigliamento e delle calzature sono spesso da capogiro.* Viene in mente che quelle scarpe di lucertola* (un milione al paio) in bella mostra in un noto negozio vicino al Ponte Vecchio saranno certamente fatte da lucertoline o lucertoloni gemelli, allevati* all'unico scopo di finire per decorare i piedi di qualche signora. Chi pensa di fare affaroni nei grandi magazzini tipo Standa, La Rinascente o Coin rimarrà forse un po' deluso: i prezzi certamente non fanno pensare a quelli in note catene di *department stores* nordamericani. Curatissime anche le persone: abbronzature anche d'inverno, trucco* perfetto e non un capello fuori posto o superfluo. Tra la folla si è aggrediti* da mille profumi. Tutto questo ha un prezzo.[1]

Impossibile poi ignorare il traffico, sempre caotico nelle città (ma è così dovunque in Italia), e il culto per l'automobile. Sembra che guidino tutti e che in una macchina ci sia non più di una persona. È vero che in America si vedono poche automobili italiane da quando la Fiat si è ritirata da quel mercato, ragion per cui molti americani si sono fatti l'idea che le macchine italiane sono o marche mitiche di auto sportive super-lussuose tipo Ferrari e Maserati (e forse mai viste per la strada), oppure che si tratta di

---

bacheca = display case; *firmato* = designer (as in designer clothes, ostentatiously displaying the logo or name of the designer); *capogiro* (*da capogiro*) = dizzying; *lucertola* = lizard; *allevato* = raised; *trucco* = makeup; *aggredito* = assaulted

fragili scatolette di latta* sempre in versione base: le cosiddette "utilitarie" che una volta circolavano in gran numero per le strade del Paese. Oggi non si può fare a meno di constatare* che in Italia le dimensioni delle automobili sono aumentate e che vi sono in buona parte automobili dalle linee filanti* e sportive, superaccessoriate, con interni in pelle, vernici* metallizzate, ruote in lega* e le firme delle case di moda come Missoni, Fendi e Sisley. Per una piccolissima auto (così piccole non se ne vedono in Nord America) ci vuole un minimo di quindici milioni. Innegabile* segno di benessere, quindi, è il gran numero di macchine in circolazione, anche se le macchine più piccole non costano poco e la benzina è quasi a duemila lire al litro. Il consumismo a volte sfrenato* diffuso in Italia viene reso possibile da un dato importante: nell'ultimo decennio, il reddito* medio delle famiglie italiane è raddoppiato, passando da tredici milioni e trecentomila lire a venticinque milioni e trecentomila lire l'anno. La classe media, dunque, si è allargata e ora ne fa parte circa il 59% della popolazione. Nel 1991, un italiano su tre possedeva un videoregistratore, il 44% delle famiglie aveva una macchina, il 36% ne aveva due, il 9% addirittura tre.[2]

3. La casa di proprietà.

Inoltre, vi è da notare che il 60% delle case è proprietà di privati, e che la percentuale di proprietari di casa e più alta in Italia che negli Stati Uniti:[3] questo anche se i prezzi appaiono poco accessibili e le facilitazioni per l'acquisto forse non sono proprio tali. Leggendo la piccola pubblicità* nei giornali di due grandi città – Firenze, al centro-nord, prospera; e Napoli, nel meridione, ritenuta povera – vediamo che in entrambe le città è difficile trovare un appartamentino di due stanze per meno di centocinquanta milioni, anche in zone considerate poco desiderabili. L'alto numero di italiani proprietari di case è sorprendente perché di solito bisogna dare al compromesso almeno dal 30 al 50% del prezzo dell'immobile* da acquistare. Oltre a ciò, in Italia non esistono lunghe dilazioni* di mutui,* ad esempio, per trent'anni, e non è insolito pagare tutto entro cinque anni. In altre parole, per comprare una casa in Italia bisogna disporre di una somma ingente* di denaro in contanti. Anche se in alcune città (nel meridione in particolare) c'è un numero cospicuo di famiglie che ha

latta = tin; *constatare* = to notice; *filante* = sleek; *vernice* = paint; *lega* = alloy; *innegabile* = undeniable; *sfrenato* = unbridled, widespread; *reddito* = income; *piccola pubblicità* = want-ads; *immobile* = property, real estate; *dilazione* = deferment; *mutuo* = mortgage; *ingente* = large

bisogno di un'abitazione, l'Italia è piena di case. Negli ultimi vent'anni anni, infatti, si è sviluppato il fenomeno delle seconde case, il cui numero è solo di recente stato stabilito anche perché c'è chi non vorrebbe dichiararla al fisco* per evitare di pagare le tasse.[4] Queste abitazioni, usate soprattutto durante il fine settimana e le vacanze, si trovano ovunque: dai villaggi-vacanze sulle zone costiere, ai condominii in montagna, alle case coloniche* ristrutturate nelle campagne.

4. Il risparmio.*

C'è un dato importante che può spiegare il numero alto di proprietari di case in Italia. Secondo un'indagine,* nel 1984 la metà delle famiglie italiane era dedita al risparmio*[5] e in generale gli italiani riescono a mettere da parte il 17–18%, una cifra che nella graduatoria delle potenze industriali viene eguagliata solo dal Giappone.[6] Anche se il tasso di risparmio delle famiglie è in calo negli ultimi anni, rimane sempre cospicuo. Per alcuni osservatori, molti soldi sarebbero venuti dal mercato finanziario, il quale ha subito una forte espansione negli anni Ottanta.[7] Una porzione dei risparmi degli italiani viene investita nei buoni ordinari del tesoro (BOT), emessi dal governo per finanziare l'enorme debito nazionale, che pagano un tasso d'interesse superiore a quello offerto dalle banche (nel 1992 la media era del 15%, ma nel '96 era del 7–8%). I BOT si sono rivelati un ottimo affare non solo per gli italiani, ma anche per un crescente numero di investitori stranieri.

5. Aiuti e regali dallo Stato.

Lo stato italiano è generoso con i suoi cittadini, offrendo molto gratis (o quasi). Anche se certi servizi sono scadenti,* lo stato sociale (il *welfare state*) rimane forte benché sia stato ridimensionato negli ultimi anni.[8] Ad esempio, l'assistenza medica gratuita a tutti, solo recentemente è stata limitata a chi non supera determinate fasce di reddito,* ma resta comunque a buon mercato. La tassa d'iscrizione per le università è bassa tanto da permettere l'accesso a tutti gli studenti qualificati. Le pensioni sono certamente tra le più generose del mondo industriale, in media intorno all'80% degli ultimi stipendi contro il 50-60% altrove. Infine, solo di recente il governo ha deciso che la cassa integrazione (cioè assistenza

---

fisco = tax collector, treasury; *casa colonica* = farm house; *risparmio* = savings; *indagine* = survey, study; *scadente* = poor, shoddy; *fascia di reddito* = income level, income group

per chi perde il posto di lavoro) non può essere rinnovata in eterno. Tutti questi benefici sono costosi e hanno inciso in modo notevole sul crescente deficit che ha fatto scaturire* una nuova crisi economica agli inizi degli anni Novanta.[9]

6. Alcuni diritti e benefici dei lavoratori.

Esistono inoltre certi aspetti del lavoro in Italia che hanno favorito un miglioramento del tenore di vita e un aumento dei consumi degli italiani. Prima di tutto gli stipendi in Italia sono per la maggior parte tra i più alti tra quelli dei paesi più industrializzati anche se la produttività è tra le più basse.[10] (È noto che l'alto costo del lavoro in Italia rende ardua la concorrenza del prodotto italiano nel mondo.) I costi di produzione sono alti anche perché molti lavoratori, dopo aver passato un periodo di prova che dura di solito un anno al massimo, hanno la garanzia di un posto a vita. Ciò significa che è difficile effettuare licenziamenti,* non soltanto se l'organico dei lavoratori è di scarsa efficienza, ma anche in un periodo di economia stagnante, quando l'eccesso di dipendenti nuoce* all'azienda. In pratica, si può essere licenziati solo in casi di assenteismo cronico o d'incompetenza. Rispetto ai colleghi americani, i lavoratori in Italia godono di un numero maggiore di giorni di vacanza pagati. Oltre a ciò, quasi tutti ricevono una doppia mensilità a dicembre per far fronte alle spese natalizie. Esistono poi alcune categorie di lavoratori che ricevono quattordici mensilità, come, ad esempio, i bancari. Un altro vantaggio viene disposto dalla legge. Quando un lavoratore dipendente cambia lavoro, anche se il lavoro viene lasciato di propria volontà per uno migliore, egli ha diritto a una liquidazione pari all'ultima mensilità (quella più alta) moltiplicata per il numero d'anni d'impiego. Ad alcune categorie è anche permesso percepire la pensione subito dopo aver completato i vent'anni d'impiego, anche se non si sono raggiunti i limiti di età. Consapevole di non poter più permettersi questi lussi, il governo ha deciso di abolire o diminuire gradualmente alcuni di questi privilegi, tra cui il pensionamento "baby." Inoltre, e sempre gradualmente, gli italiani verranno obbligati a lavorare qualche anno in più: l'età pensionabile per gli uomini salirà da sessanta a sessantacinque anni; quella delle donne da cinquantacinque a sessant'anni.

---

scaturire = to result (to trigger); *licenziamento* = firing; *nuocere* = to harm

7. L'evasione fiscale.

Nel tentativo di capire perché tanti soldi circolano sulla penisola, non bisogna sottovalutare l'effetto dell'inabilità del governo italiano di far pagare le tasse ai suoi cittadini, o, secondo altri, della mancanza di volontà da parte della cittadinanza di dare al fisco la sua giusta parte. Le stime per l'evasione fiscale in Italia raggiungono cifre enormi. Coinvolti nell'evasione sono i lavoratori dipendenti delle tante piccole aziende che prevalgono nell'economia italiana, lavoratori autonomi, lavoratori saltuari* e "in nero" e professionisti. Solo chi è occupato nelle grandi aziende o nello Stato paga le tasse come dovrebbe; gli altri dichiarano al fisco molto meno di quanto realmente percepiscono. Tra i tantissimi casi venuti alla luce nelle indagini degli agenti del fisco, spiccano, ad esempio, quelli di avvocati che dichiarano di guadagnare meno di un operaio di fabbrica, di pellicciai che riescono a racimolare* quanto prende un infermiere.[11] Per spiegare in parte perché l'evasione fiscale è così diffusa, va sottolineato che in Italia si usa pagare in contanti, il che facilita occultare una transazione. L'evasione dilaga, quindi, e viene difesa da potenti gruppi di pressione. Nella speranza di ridurre lo spaventoso deficit, il governo non riesce a proporre niente di meglio che di tassare "una tantum"* i conti bancari, le case di proprietà; e poi i telefoni cellulari, le motociclette di grossa cilindrata, gli yacht: insomma, i consumi di lusso sfoggiati* dagli italiani benestanti.

NOTE

1 Per le spese degli italiani sulla cura del corpo, vedere l'articolo di Maria Laura Rodotà, "Primi in vanità," *Panorama*, 15/7/90, pp. 126–31.
2 Tutti questi dati (ed altri) sui consumi recenti degli italiani si possono trovare in Maria Laura Rodotà, "Non vo' fa' l'americano," *Panorama*, 21/4/91, pp. 42–3.
3 Per i risparmi degli italiani vedere Joseph La Palombara, *Democrazia all'italiana*, p. 48.
4 Vedere comunque i dati riportati in *La Nostra Italia*, pp. 14–15.
5 Cifra riportata da LaPalombara, p. 48.

---

saltuario = occasional; *racimolare* = to scrape together; *"una tantum"* = once only; *sfoggiato* = flaunted

6 Anche Giorgio Bocca discute l'alto tenore di vita degli italiani in *L'Italia che cambia*, p. 43.
7 Vedere Bocca, p. 44.
8 Per la crisi dello stato sociale vedere, ad esempio, Tino Oldani, "Questione di gap," *Panorama*, 6/12/92, pp. 208–13.
9 Per un quadro del problema pensionistico in Italia, vedere Giulio Savelli, "Questo è un disastro che viene da lontano," *Europeo*, 17/5/91, pp. 70–80, e Luciano Buglione, "L'Italia? È il Paese degli invalidi," *Il Mattino*, 25/3/93, p. 8.
10 Per i dati vedere "Primi in stipendi," *Panorama*, 13/9/92, p. 174, e "L'Italia? Ormai è fuori gara," *La Stampa*, 22/6/92, p. 13.
11 Per dati precisi vedere Roberto Seghetti, "E io non pago," *Panorama*, 1/11/92, pp. 44–7, e Renzo Rosati, "Minimum lobby," *Panorama*, 1/11/92, pp. 48–50.

PER SAPERNE DI PIÙ

Basilici, Gaetano. "Italia alta e sciupona." *La Nazione*, 31/12/92.
Bocca, Giorgio. *L'Italia che cambia*. Milano: Garzanti, 1987.
Buglione, Luciano. "L'Italia? È il Paese degli invalidi." *Il Mattino*, 25/3/93, p. 8.
Darby, Rose. "Italy, the Economic Miracle of the '80's Continues." *Business Week*, 10/11/89.
Klein, L. R. "An Outside Look at the Italian Economy." *Italian Journal*. Vol. VI, No. 1, 1992, pp. 12–14.
La Palombara, Joseph. *Democrazia all'italiana*. Milano: Mondadori, 1988.
"Last of the Big Spenders." *A Survey of Italy* in *The Economist*, 26/5/90, pp. 11–12.
"L'Italia? Ormai è fuori gara." *La Stampa*, 22/6/92, p. 13.
Mangiaterra, Sandro e Maurizio Tortorella. "E l'Italia va." *Panorama*, 20/10/91.
Oldani, Tino, e Benedetto Leone. *La nostra Italia*. Allegato a *Panorama* 1369, 12/7/92.
Oldani, Tino. "Questione di gap." *Panorama*, 6/12/92, pp. 208–13.
"Primi in stipendi." *Panorama*, 13/9/92, p. 174.
Rodotà, Maria Laura. "Non vo' fa' l'americano." *Panorama*, 21/4/91, pp. 42–3.
– "Primi in vanità." *Panorama*, 15/7/90, pp. 126–31.
Rosati, Renzo. "Minimum lobby." *Panorama*, 1/11/92, pp. 48–50.
Sassoon, Don. *Contemporary Italy: Politics, Economy and Society Since 1945*. London-New York: Longman, 1986.
Savelli, Giulio. "Questo è un disastro che viene da lontano." *Europeo*, 17/5/91, pp. 70–80.

Seghetti, Roberto. "E io non pago." *Panorama*, 1/11/92, pp. 44–7.
"The Odd Country." *A Survey of Italy* in *The Economist*, 26/5/90, pp. 3–4.

I. Rispondete alle seguenti domande:

1. Qual era l'immagine dell'Italia largamente diffusa un ventennio fa? Descrivetene qualche aspetto.
2. Descrivete alcuni segni del benessere in Italia.
3. Quali sono le prassi che complicano l'acquisto di una casa in Italia? Com'è diverso dalla prassi nel vostro Paese?
4. È vero che pochi italiani sono proprietari della loro abitazione?
5. Cosa fanno molti italiani con i risparmi?
6. Quali sono alcuni benefici di cui godono gli italiani?
7. Quali sono alcuni benefici di cui godono i lavoratori in Italia?
8. Che cos'è l'evasione fiscale? Perché è così diffusa in Italia?

II. Proposte per elaborazioni orali o scritte.

A. Descrivete il concetto che voi avevate della vita in Italia prima di leggere questo capitolo, considerando, ad esempio, il lavoro, i consumi, il tempo libero, ecc. Come si è formato? Questa lettura conferma o smentisce questo vostro concetto?

B. Confrontate i benefici che godono molti lavoratori in Italia con quelli dati ai lavoratori nel vostro paese. Cosa si può concludere?

C. Immaginatevi esperti di economia chiamati dal governo italiano: cosa pensate che debba fare l'Italia per diminuire il suo deficit? Preparate un dibattito da presentare in classe, presentando possibilmente qualche proposta concreta suggerita da articoli in giornali e riviste italiane.

D. Cercate in riviste o giornali italiani articoli che illustrano qualche aspetto dell'alto tenore di vita e i consumi della società italiana.

III. Esercizi.

A. La particella *ne* può sostituire un nome preceduto da un partitivo o da una quantità (che bisogna esprimere quando si usa *ne*): esempio:
   (a) Hai della frutta?
      Ne hai?

(b) Possiede tre appartamenti.
   Ne possiede tre.

N.B.: *Ne* può anche significare:
(a) di lui (lei, loro), e da lui (lei, loro)
   esempio: *Dov'è Maria? Non ne so più nulla (non so più nulla di lei).*
(b) di ciò, da ciò
   esempio: *Loro hanno sbagliato, e io ne (di ciò) prenderò nota.*
(c) di lì (là), di qui (qua) (n.b. il verbo *andare* diventerà riflessivo)
   esempio: *Se n'è andato via (è andato via di là).*

Riscrivete le frasi sostituendo *ne* alle parole in corsivo e indicatene il significato tra quelli di sopra:

1. Ti sei ricordato di portare le chiavi?
2. Ho incontrato Giorgio: non avevo più notizie di lui.
3. Credevo di averti portato delle nuove riviste.
4. Mi aveva proposto di comprare cinque buoni del tesoro.
5. Speravano che io gli avrei dato qualche informazione.
6. Perché vai via di qui?
7. Si è dimenticato di Marco e Luisa.
8. Tu non vuoi trarre le conseguenze dal fatto che non studi.
9. Comprale un paio di scarpe nuove!
10. Hanno spedito molte cartoline.

B. Riscrivete le frasi sostituendo pronomi alle parole sottolineate:

1. Non meravigliarti di quei prezzi!
2. Consigliami un buon investimento!
3. Per cortesia, lasci la mancia al cameriere!
4. Non comprare dei nuovi mobili!
5. Ci porti il menù!
6. Dia a me il conto!
7. Non si compri quella pelliccia di volpe!
8. Non vi dimenticate di andare alla banca!
9. Non si preoccupi di quelle tasse!
10. Per cortesia, le faccia l'iscrizione all'università!
11. Per favore, ci dica i costi di produzione!
12. Non ci parlare di licenziare gli operai!
13. Permettete a loro il pensionamento anticipato!

14. Per cortesia, dichiari <u>al fisco il suo guadagno</u>!
15. Le dia <u>una doppia mensilità</u>!

C. Completate le frasi:

1. Sebbene guadagnassero uno stipendio da fame, …
2. Si è meravigliato che lo zio analfabeta …
3. C'era molta disoccupazione perché …
4. Ha fatto la prima colazione in albergo di modo che …
5. Si era stupito che il prezzo dell'abbigliamento …
6. Cercava un'automobile che …
7. Acquistereste una seconda casa al mare se …
8. Non vorrei che i miei risparmi …
9. C'è la cassa integrazione per chi …
10. Sarete licenziati quando …
11. Se va in pensione a cinquant'anni, …
12. Sono le tasse più alte che …

D. Completate la frase con la forma corretta del verbo *piacere*. Usate il complimento di termine che si riferisce al soggetto e lo stesso tempo verbale della frase:
esempio: Rosaria vedrà il film e …
   Rosaria vedrà il film e … le piacerà.

1. Carlo ha mangiato la bistecca e …
2. Vittorio e Riccardo hanno provato quell'albergo e …
3. Io ho assaggiato le verdure e …
4. Noi leggeremo quel libro e …
5. Loro avranno da noi dei regali che …
6. Io lascio quel lavoro perché non …
7. Avremmo comprato quella casa perché …
8. Non avete scelto quel telefono cellulare perché non …
9. "Dottor Di Canio, mi dicono che non vuole vedere l'opera perché non …
10. "Signorina, è chiaro che questo ristorante non …

E. Date l'equivalente in Italiano, facendo attenzione all'uso di *ne*, di *piacere* e del periodo ipotetico:

1. We liked that job.
2. Did you (polite, sing.) like the vacation?

3. I hoped she liked that furniture.
4. We would like you to find a small apartment for us.
5. If he should retire early, he would enrol in the university.
6. Please give us two of them.
7. I don't want any.
8. Don't talk about it!
9. Bring (polite, sing.) us some!
10. Although there was much well-being in that country, there was also much unemployment.

12. IL PROBLEMA
DEL MEZZOGIORNO:
IL DIVARIO FRA NORD E SUD

1. La diversità della nuova nazione.

Quando l'Italia diventò nazione nel 1861, confluirono sotto un solo governo diversi stati indipendenti, nonché territori della penisola sotto dominio straniero. All'epoca dell'unità, a nord quasi tutto il territorio com-
preso dalle odierne regioni della Lombardia, il Veneto, il Trentino e il
Friuli-Venezia Giulia era sotto il dominio austro-ungarico. Al confine* con
la Francia c'era il Regno di Sardegna che comprendeva le regioni del
Piemonte, la Val d'Aosta, la Liguria e la Sardegna. Nel centro vi erano tre
piccoli stati indipendenti, i ducati di Parma e di Modena e il granducato
di Toscana. Scendendo, sempre al centro, c'era lo Stato della Chiesa, ossia
le odierne regioni dell'Umbria, delle Marche, del Lazio e parte dell'E-
milia-Romagna, sotto il controllo della Chiesa. A sud, a circa metà strada
tra Roma e Napoli, cominciava il confine del Regno delle Due Sicilie che
comprendeva il resto della penisola e la Sicilia. Essendo la penisola italiana rimasta senza un governo centrale dalla fine dell'impero romano, la
frammentazione che ne conseguì* determinò sviluppi dissimili da un capo
all'altro del territorio. All'inizio dell'Ottocento, ritenendo* che l'etero-
geneità della penisola avrebbe impedito la formazione di uno stato uni-
tario, il grande statista austriaco Metternich definì l'Italia "un'espressione
geografica."

2. Nord e Sud: il divario.*

Alle soglie* del Duemila persistono, forse anche in misura maggiore, le
differenze tra il Nord e il Sud (o Mezzogiorno), cioè le regioni del-
l'Abruzzo, il Molise, la Campania, la Puglia, la Basilicata, la Calabria, la

---

confine = border; *conseguire* = to result; *ritenendo* = *credendo*; *divario* = gap, split; *soglia* =
threshold

Sicilia, e la Sardegna. Le regioni del Sud comprendono il 40% del territorio italiano e oltre un terzo della popolazione. Il divario si manifesta soprattutto in termini economici: il Nord è più ricco, più industrializzato, efficiente e moderno del Sud sottosviluppato, in cui dilaga la disoccupazione e la criminalità. Solo dopo la seconda guerra mondiale il governo cominciò a stanziare* cospicui finanziamenti per aiutare lo sviluppo del Mezzogiorno. Sebbene ci siano stati anche risultati positivi, la spesa è stata enorme e accompagnata da pesanti sprechi.* Intanto, con il passare degli anni, il divario economico che divide in due il Paese continua ad allargarsi. Anche se parecchi italiani – specialmente nel Nord – da tempo contestavano gli sprechi di denaro pubblico nel Sud, il campanello d'allarme ha cominciato a suonare all'inizio degli anni Novanta. Nel nord del Paese diventa sempre più forte la Lega, partito politico di recente formazione che si oppone all'inefficienza e corruzione del governo, accende* sentimenti antimeridionali e rivendica* uno stato federale diviso in tre parti: Nord, Centro e Sud (vedere il capitolo su "I partiti politici"). Per capire meglio l'arretratezza* del Sud rispetto al resto dell'Italia, sono utili alcune considerazioni di ordine geografico, storico e sociale.

3. Il divario: considerazioni geografiche.

La posizione geografica del Nord, vicino a nazioni industrializzate, e la presenza di risorse naturali, ne hanno favorito lo sviluppo economico. I laghi e i corsi d'acqua che scaturiscono dalle Alpi hanno permesso la costruzione di centrali elettriche necessarie per l'industria. I giacimenti* metalliferi hanno fornito la materia prima per avviare* l'industria pesante. La pianura padana,* bagnata dalle acque del fiume Po, e che attraversa la penisola da Milano all'Adriatico tra Venezia e Ravenna, è diventata la zona agricola più importante della penisola. Le caratteristiche geografiche del Sud, invece, sono state sfavorevoli a un qualsiasi sviluppo economico. In confronto alla fertile pianura padana e alla prevalenza di dolci colline a Nord che rendono possibile l'agricoltura, nel Sud dominano zone montagnose e collinari in cui scarseggia* l'acqua. Inoltre, per molto tempo la montuosità del Meridione ha inibito la costruzione di strade e linee ferroviarie. A differenza dal Nord che ha saputo beneficiare dagli scambi commerciali con il resto dell'Europa, il Sud per secoli è rimasto

---

stanziare = to appropriate; *spreco* = waste; *accendere* = to kindle; *rivendicare* = to support; *arretratezza* = backwardness; *giacimento* = ore deposit; *avviare* = to start; *pianura padana* = the Po River valley; *scarseggiare* = to be scarce

La grande rimonta* dell'economia italiana all'inizio degli anni Ottanta dopo la crisi del decennio precedente fu dovuta non solo alla scaltrezza* delle piccole/medie aziende e all'apporto dato dall'economia sommersa, ma anche all'abilità delle persone ai vertici delle aziende, all'epoca soprannominati "condottieri" per risaltarne* il potere, la temerarietà e volontà di correre rischi per arrivare al successo. Tra i nomi dei più importanti "condottieri" spiccano Agnelli della Fiat (la più grande casa automobilistica italiana), De Benedetti della Olivetti (macchine da ufficio e computer), Berlusconi della Fininvest (soprattutto notevole per le comunicazioni) e Gardini del gruppo Ferruzzi (chimica e settore agro-alimentare). Questi dirigenti all'epoca fecero il giro* delle copertine di diverse riviste internazionali, nelle quali comparivano articoli che ne lodavano le imprese e l'acume manageriale.[7] Sotto la loro guida, molte grandi aziende italiane riuscirono ad allargare la loro fetta di mercato, espandere la loro presenza all'estero, creare nuovi servizi e prodotti, allo stesso tempo migliorandone la qualità.

Ma alla fine degli anni Ottanta la situazione positiva delle grandi imprese da loro guidate comincia a ribaltarsi. Dal primo posto conquistato qualche anno prima nella graduatoria delle case automobilistiche europee, la Fiat scivola* al secondo, vicina al terzo posto. Le attività della Fininvest in Francia e in Spagna, dopo grandi entusiasmi, vivono stagioni molto magre. La Olivetti entra in crisi per la grande concorrenza che si sviluppa nel settore dei computer. La Pirelli, conosciuta soprattutto nel settore dei pneumatici per auto, affonda nei debiti dopo aver fallito tentativi di assorbire altre aziende estere. Il Gruppo Ferruzzi va in fallimento. De Benedetti, arrestato, è accusato e poi condannato per corruzione. Gardini si suicida. Ad aggravare la posizione delle grandi aziende italiane all'inizio degli anni Novanta è la perdita di valore nel mercato della borsa. Basta un esempio per rendere l'idea: la Fiat nel 1992 valeva in borsa un quinto di quanto valeva sei anni prima.[8] Per spiegare il rapido voltafaccia c'è chi pensa che, dopo i grandi successi, i "condottieri" avessero puntato troppo sulle speculazioni finanziarie, tralasciando* un po' troppo i prodotti (o servizi) che rappresentavano i punti di forza delle loro aziende.[9] Un errore, del resto, che è stato largamente diffuso anche negli Stati Uniti attraverso i junk bonds e i takeover che hanno definito le speculazioni negli anni Ottanta.

La crisi economica che coinvolge l'Italia all'inizio degli anni Novanta si

---

rimonta = recovery; *scaltrezza* = shrewdness; *risaltare* = to highlight; *fare il giro* = to make the rounds; *scivolare* = to slip; *tralasciando* = *ignorando*

manifesta in altri modi: la svalutazione della Lira nel 1992; il calo di occupazione nelle grandi imprese; lo slittamento* al diciannovesimo posto
nella graduatoria di competitività (preceduta dalla Spagna, seguita dal
Portogallo, dalla Turchia e dalla Grecia). Secondo il Fondo Monetario Internazionale, l'Italia nel 1992 era ultima nella produttività tra i paesi più
industrializzati, ma prima per la retribuzione oraria e costo del lavoro.[10]
L'alto costo del lavoro, infatti, viene spesso indicato come uno degli ostacoli da superare per il ritorno alla competitività italiana sul mercato internazionale. Ottimismo o pessimismo per le capacità dell'Italia di uscire
dalla crisi? Se si pensa al passato dovrebbe predominare l'ottimismo, in
quanto l'economia italiana ha superato ostacoli più difficili: la ricostruzione del dopoguerra che ha partorito* il miracolo economico, gli
anni bui dell'industria cominciati alla fine degli anni Sessanta, resi più
cupi* dalla crisi energetica della decade seguente ma ovviati* dalla
riscossa dei primi anni Ottanta che è riuscita a portare l'Italia al livello di
quinta potenza industriale nel mondo. Per un risanamento economico nessuno dubita che gli italiani dovranno affrontare nuovi sacrifici.

NOTE

1 Vedere Romano Prodi, "Italy's Privatization Program Is Taking a Pragmatic
 Path," *Italian Journal*, Vol. I, Nos. 2 & 3, 1987, p. 51.
2 Per questi ed altri dati, vedere "The Three Italies," *Italian Journal*, Vol. III,
 Nos. 2 & 3, 1989, pp. 50–2.
3 Per questi ed altri dati, vedere "Italian Localism: From the Underground
 Economy to the Tertiary Internationalization," *Italian Journal*, Vol. IV, No. 2,
 1990, pp. 51–2.
4 Dati da "Italian Briefs," *Italian Journal*, Vol. III, No. 5, 1989, p. 50. Vedere
 anche Paolo Ruffini, "La chiamano economia sommersa," *Il Mattino*,
 24/6/79.
5 Per la proliferazione delle "leggine," vedere Rossella Bocciarelli e Paola Pilati,
 "Se io dò una legge a te ...," *L'Espresso*, 16/2/92, pp. 130–2.
6 Riportato in "Portogallo, il paradiso dello shopping," *Business*, 12/91, p.
 114.
7 Per gli errori della classe imprenditrice italiana, vedere David Lane, "Decline
 and Falter of the Old Dynasties," *The European*, 24–27/9/92, p. 41, e Marco
 Borsa e Luca De Biase, *Capitani di sventura* (Mondadori, 1992).

---

slittamento = slipping; *partorire* = to give birth to; *cupo* = dark; *ovviato* = averted

8   Marco Borsa, "Scondottieri," *Panorama*, 11/10/92, p. 233.
9   Vedere Borsa e De Biase, *Capitani di sventura*, e Tullio Fazzolari, "C'è un vizio capitale," *L'Espresso*, 1/12/91, pp. 16–18.
10 "Primi in stipendi," *Panorama*, 13/9/92, p. 174.

PER SAPERNE DI PIÙ

"A Flourishing and Innovative Small- and Medium-Sized Firm Sector." *Italian Journal*, Vol III, No. 4, 1989, pp. 51–4.

Barucci, Piero. *Ricostruzione, pianificazione, Mezzogiorno: la politica economica in Italia dal 1943 al 1955*. Bologna: Il Mulino, 1978.

Borsa, Marco. "Scondottieri." *Panorama*, 11/10/92, pp. 230–5.

Borsa, Marco e Luca De Biase. *Capitani di sventura*. Milano: Mondadori, 1992.

Capecelatro, Edmondo. *Contro la questione meridionale. Studio sulle origini dello sviluppo capitalistico in Italia*. Roma: Edizioni Savelli, 1973.

Ciocca, Pierluigi e Gianni Toniolo. *L'Economia italiana nel periodo fascista*. Bologna: Il Mulino, 1976.

Clough, Shepard B. *The Economic History of Modern Italy*. New York: Columbia University Press, 1964.

Darby, Rose. "Italy, the Economic Miracle of the '80's Continues." *Business Week*, 10/11/89.

Fazzolari, Tullio. "C'è un vizio capitale." *L'Espresso*, 1/12/91, pp. 16–18.

Ferrari Bravo, Luciano. *Stato e sottosviluppo. Il caso del Mezzogiorno italiano*. Milano: Feltrinelli, 1972.

Friedman, Alan. *Agnelli and the Network of Italian Power*. London: Harrap, 1988.

Fuà, Giorgio. *Occupazione e capacità produttive: la realtà italiana*. Bologna: Il Mulino, 1976.

Graziani, Augusto. *L'economia italiana dal 1945 a oggi*. Bologna: Il Mulino, 1979.

Hildebrand, George Herbert. *Growth and Structure in the Economy of Modern Italy*. Cambridge: Harvard University Press, 1965,

"Italian Briefs." *Italian Journal*, Vol. III, No. 5, 1989, p. 50.

"Italian Localism: From the Underground Economy to the Tertiary Internationalization." *Italian Journal*, Vol. IV, No. 2, 1990, pp. 51–2.

Lane, David. "Decline and Falter of the Old Dynasties." *The European*, 24–27/9/92, p. 41.

LaPalombara, Joseph. *Democracy, Italian Style*. New Haven, Conn.: Yale University Press, 1987.

Lutz, Vera C. *Italy: A Study in Economic Development*. London-New York: Oxford University Press, 1962.

144 L'Italia verso il Duemila

Podbielski, Gisele. *Italy: Development and Crisis in the Post-War Economy.*
Oxford: Clarendon Press, 1974.
"Primi in stipendi." *Panorama*, 13/9/92, p. 174.
Prodi, Romano. "Italy's Privatization Program Is Taking a Pragmatic Path."
Italian Journal, Vol. II, Nos. 2 & 3, 1987, pp. 50–1.
Ruffini, Paolo. "La chiamano economia sommersa." *Il Mattino*, 24/6/79.
Sassoon, Don. *Contemporary Italy: Politics, Economy, and Society Since 1945.*
London-New York: Longman, 1986.
Templeman, Donald. *The Italian Economy.* New York: Praeger, 1981.
"The Three Italies." *Italian Journal*, Vol. III, Nos. 2 & 3, 1989, pp. 50–2.

I. Rispondete alle seguenti domande:

1. Dove, quando e in quali settori cominciò a svilupparsi l'industria in Italia?
2. Quando cominciarono a spopolarsi le campagne?
3. Quale fu l'importanza dell'espansione industriale alla fine dell'Ottocento?
4. Elencate alcune caratteristiche dell'economia italiana.
5. Perché lo Stato italiano cominciò a partecipare nell'economia del Paese?
6. In quali settori c'è la partecipazione dello Stato?
7. Quali vantaggi può dare un'impresa di piccole o medie dimensioni?
8. Che cos'è l'economia sommersa?
9. Quali sono le responsabilità dello Stato per la crisi economica degli anni Novanta?
10. Come sono entrati i partiti politici nell'economia del Paese?
11. Cosa fa il governo per coprire il debito pubblico? Perché tale pratica ha contribuito all'aumento del deficit?
12. Perché la privatizzazione delle aziende di Stato procederà lentamente?
13. Quali sarebbero i benefici della privatizzazione?
14. Indicate qualche altro lato debole dell'economia italiana.

II. Proposte per elaborazioni orali o scritte.

A. Siete d'accordo che lo Stato dev'essere del tutto assente nell'economia di un Paese? Ci sono certi settori in cui ci dovrebbe essere una partecipazione dello Stato? Perché? Preparate un dibattito in classe tra "interventisti" e "non interventisti."

B. Cercate in giornali e riviste italiane un articolo su qualche aspetto dell'economia italiana. Presentate un riassunto in classe, collocando l'articolo nel contesto di quanto avete appreso in questo capitolo.

C. Riassumete dalla lettura i punti di forza e i lati deboli dell'economia italiana negli ultimi anni.

D. Fate una ricerca su un prodotto italiano e sull'azienda che lo produce.

III. Esercizi.

A. Riscrivete il periodo premettendo il verbo o l'espressione tra parentesi, facendo anche attenzione all'uso dell'infinito:

esempio: L'industria si avviò verso la fine del secolo scorso. (*Pensavo*) *Pensavo che l'industria si fosse avviata verso la fine del secolo scorso.*

1. La produzione dell'acciaio era stata trascurata. (*Abbiamo saputo*)
2. La crisi agricola ha dato via a un'ondata di emigrazione. (*Credevi*)
3. L'Italia è tra le prime potenze industriali del mondo. (*L'Italia è orgogliosa*)
4. C'è una nuova crisi economica all'inizio degli anni Novanta. (*È preoccupante*)
5. Ci siamo collocati tra i maggiori esportatori nel settore dell'abbigliamento. (*Eravamo felici*)
6. Una piccola azienda è più flessibile e può incorporare in tempi brevi nuove tecnologie. (*È chiaro*)
7. L'economia sommersa contribuisce molto all'economia. (*Sembra*)
8. Le aziende a partecipazione statale vengono guidate al vertice da esponenti politici. (*È assurdo*)
9. Bisognerebbe privatizzare al più presto. (*Ho letto*)
10. I dirigenti puntavano troppo sulle speculazioni finanziarie. (*Avevano paura*)

B. Date l'equivalente in Italiano, facendo attenzione ai tempi del congiuntivo e all'uso delle preposizioni:

1. I thought I would go to Italy.
2. He thinks I am going home.
3. He thinks I went to the movies.
4. He thinks I was going to the doctor.

5. He thinks I had gone before him.
6. There are those who believe that the government had controlled the economy for too long.
7. We hadn't seen each other in many years.
8. This is a book to read carefully.
9. You haven't worked so much in a long time.
10. Although privatizing is a good idea, there will be much to do.

C. Completate con la preposizione (o preposizione articolata) giusta, facendo attenzione all'uso idiomatico delle preposizioni:

1. _____ molti anni l'Italia è un paese industriale.
2. Quando deciderà _____ ridurre il suo deficit, l'Italia avrà molte aziende _____ vendere.
3. Sotto la guida _____ abili dirigenti, molte grandi aziende italiane sono riuscite _____ espandere la loro presenza all'estero.
4. Abbiamo sentito _____ televisione che c'è molto ottimismo _____ una ripresa economica.
5. Si interessa _____ speculazioni finanziarie.
6. L'Italia è considerata _____ le prime potenze economiche.
7. Prima di cominciare la riunione, il dirigente mangiò un bel piatto _____ spaghetti _____ quattro formaggi.
8. Sono andati _____ ministro credendo _____ poter convincerlo _____ riesaminare l'intervento statale.
9. La certezza ___ posto non è la ragione _____ cui Romano lavora in un'impresa di stato.
10. Hanno avuto difficoltà _____ capire quanto produce l'economia sommersa.
11. Abbiamo lavorato all'estero _____ dieci anni.
12. Mario era direttore amministrativo _____ molti anni quando è stato arrestato per corruzione.

D. Scegliete la congiunzione giusta:

1. (*Poiché / Perché / Benché*) dal petrolio si produce la plastica, lo Stato prese anche l'industria chimica.
2. I partiti si mettono d'accordo (*poiché / perché / se*) le aziende di stato vengano guidate da esponenti politici.
3. Il sistema che dà a un partito il controllo su centinaia di migliaia di posti di lavoro è appetibile (*perché / benché / quantunque*) porta voti al partito.
4. Oggi le piccole e medie aziende sono meno competitive sui mer-

cati internazionali (*sebbene / affinché / perché*) qualche anno fa venissero ritenute in parte responsabili per la ripresa economica del Paese.

5. (*Nonostante / Poiché / Perché*) ci sia un periodo di crisi economica, molti studiosi rimangono ottimisti per il futuro.
6. L'economia sommersa produce molto, (*nonostante / ma / quantunque*) non paga le tasse.
7. La situazione economica migliorerebbe (*benché / se / perché*) le aziende di stato venissero privatizzate al più presto.
8. (*Finché / Perché / Nonostante*) i partiti politici continueranno a controllare molte aziende, ci saranno sempre sprechi ed inefficienza.

14. L'ITALIA SI MUOVE PER SALVAGUARDARE L'AMBIENTE

1. Aumenta la coscienza per l'ambiente.

Il degrado continuo dell'ambiente, che ogni giorno arreca* nuovi danni al fragilissimo equilibrio ecologico del nostro pianeta, suscita* in Italia nuovi dibattiti, nonché interventi da parte del governo e di enti locali. Ignorato o forse sottovalutato per molti anni, l'inquinamento* del territorio italiano è arrivato ultimamente a tal punto da spingere cittadini e governo a riflettere e ad agire, dando vita anche a un nuovo partito politico, i Verdi, il cui programma è imperniato* sulla tutela dell'ambiente. Da parte sua, il governo ha creato un ministero dell'Ambiente, conferma di un crescente impegno per risanare gli effetti di anni d'incuria.*

2. Molti abitanti in spazi limitati.

Le ragioni di alcuni problemi ambientali vanno trovate nell'assetto* del territorio italiano. Una popolazione di oltre cinquantasette milioni abita sulla penisola, grande più o meno come gli stati americani della Georgia e della Florida insieme. Nelle città, i cui centri storici spesso risalgono a duemila anni fa, la densità della popolazione crea notevoli disagi. Progettate e costruite in un passato relativamente remoto, le reti fognarie* non riescono a smaltire* i rifiuti* prodotti dall'aumento del numero degli abitanti attraverso i secoli. Per rimediare all'inadeguatezza delle fogne, se ne sono costruite molte senza autorizzazione un po' dappertutto, e queste spesso svuotano nei corsi d'acqua e nei mari liquami* non depurati.* Intanto, i pochi depuratori sul territorio italiano raramente funzionano a

---

arrecare = portare, causare; suscitare = to raise; inquinamento = pollution; imperniato = hinged (centred); incuria = negligence, indifference; assetto = arrangement; rete fognaria = sewer network; smaltire = to get rid of; rifiuti = waste (sewage); liquami = sewage; depurato = treated

Le batterie esauste abbandonate sono altamente nocive per l'ambiente.

Eppure ogni anno tonnellate di batterie scariche finiscono dove capita, disperdendo sostanze nocive come il piombo e l'acido solforico. Per risolvere questo problema il Ministero dell'Ambiente, il Ministero dell'Industria e tutti gli operatori del settore hanno creato il Cobat (Consorzio obbligatorio per la raccolta delle batterie al piombo esauste), che già nel primo anno di attività ha raccolto e riciclato oltre 130.000 tonnellate di batterie esauste, con un considerevole contributo al risparmio energetico del Paese e alla salvaguardia della Natura. Da oggi, inoltre, automobilisti, elettrauto, e tutti coloro che vogliono disfarsi di vecchie batterie al piombo possono rivolgersi direttamente al Cobat attraverso il numero verde  L'elenco dei raccoglitori incaricati si trova anche alla pagina 655 di Televideo RAI.

COBAT
CONSORZIO OBBLIGATORIO
BATTERIE ESAUSTE E RIFIUTI PIOMBOSI

Protegge l'Ambiente.
Recupera Energia.

pieno ritmo a causa di vari rallentamenti burocratici ed altre inefficienze. Data l'enorme quantità di rifiuti solidi prodotti giornalmente in Italia, diventa sempre più difficile trovare spazi dove smaltirli in modo da evitare pericoli per la salute e per l'ambiente. La crescita del volume di questi rifiuti però comincia a paralizzare le discariche* cittadine: alcuni comuni hanno trovato una soluzione provvisoria "esportando" immondizia.* Tale soluzione, poco felice, ha peraltro creato inimicizie* tra i grossi centri esportatori e i luoghi che hanno subìto* pressioni per accettare rifiuti altrui.

3. Le responsabilità degli automezzi.

Come le fogne, anche le strade non erano state concepite per la società moderna, la quale non può fare a meno delle automobili. Gli ultimi dati indicano che transitano in Italia oltre settanta macchine per chilometro quadrato, quasi quattro volte il numero dell'America. A Napoli, per esempio, il traffico intenso consente una velocità massima di tre chilometri all'ora durante le ore di punta. A Milano ci vuole mezz'ora per trovare un parcheggio. I gas di scarico* dei mezzi di trasporto inquinano l'aria delle città, e in alcuni centri si comincia a vedere con maggiore frequenza gente che porta una mascherina protettiva. Benché sia gravissimo l'effetto dei gas di scarico per la salute pubblica, non è meno grave il danno che provoca ai monumenti, sporcando e "mangiando" irrimediabilmente il marmo.

4. Qualche iniziativa per risolvere il problema dell'inquinamento.

Il governo ed alcune città hanno cominciato ad agire negli ultimi anni, e gli effetti sono positivi. Le grandi città, Milano e Torino in testa, sono le più colpite dallo smog. Un'indagine del 1991[1] ha rivelato però che alcuni miglioramenti ci sono stati, specialmente nelle città del Sud, anche se in queste, come del resto nelle maggiori città, funzionano centrali elettriche a olio combustibile. Ultimamente, l'ENEL (Ente Nazionale per l'Energia Elettrica) ha cominciato ad adottare in questi stabilimenti degli impianti per pulire gli scarichi e petrolio a basso contenuto di zolfo: i danni per le piogge acide cominciano a diminuire. Il traffico automobilistico continua ad essere il principale responsabile dell'inquinamento delle città, anche se parecchi comuni cercano di stroncare* l'abitudine italiana di usare la

---

discarica = garbage dump; *immondizia* = garbage; *inimicizia* = hostility; *subire* = *soffrire*; *scarico* = exhaust; *stroncare* = to break

macchina per ogni spostamento, lungo o breve che sia. Firenze, ad esempio, ha chiuso il centro storico al traffico, ma non sono sufficienti i mezzi pubblici di trasporto ed i parcheggi. Roma e altri comuni hanno cercato di rimediare usando il sistema delle targhe alterne, cioè transitano un giorno le macchine con targhe che finiscono con numeri pari,* e nel giorno successivo, quelle con numeri dispari. Chi è in possesso del permesso d'ingresso nel centro storico deve far controllare l'efficienza della macchina gratuitamente presso varie officine, in un programma sponsorizzato dal Comune, dal ministero dell'Ambiente e da alcune case automobilistiche. Oltre alle iniziative dei comuni, il governo ha recentemente imposto lo stop alle macchine non catalizzate nei giorni di maggiore inquinamento. Si diffonde anche la vendita di benzina senza piombo* e le case automobilistiche cominciano a montare sui nuovi modelli le marmitte* catalitiche. Il guaio* è che in Italia circolano troppe macchine che hanno più di quindici anni (quasi il 10%, in confronto al 2% in Germania).[2] L'alto costo della benzina in Italia ha poi determinato un largo impiego del motore diesel, più inquinante di quello a benzina. Un'iniziativa d'avanguardia è stata presa da Brescia, sede di molte acciaierie, dove nel centro sono impiegati mezzi elettrici per la nettezza urbana.*

Molte città cambiano gli impianti di riscaldamento,* che in prevalenza venivano alimentati a carbone. Per diminuire il volume di sostanze velenose* nell'aria, si cominciano a bruciare combustibili più puliti, quali il metano. Si cerca di arginare* il volume di rifiuti solidi non biodegradabili, simbolo di una società di consumo che "usa e getta."* Chi non ha visto galleggiare* nei mari italiani i famigerati* sacchetti di plastica, che venivano distribuiti in profusione dai commercianti? Per scoraggiarne l'uso, si è applicata una tassa e si spera di eliminarli completamente nel giro di pochi anni. Alcuni commercianti coscienziosi cominciano a fornire sacchetti foto-biodegradabili. Per ridurre l'inquinamento prodotto dai detersivi, si fa pubblicità di prodotti con basso contenuto di fosfati.

In alcuni centri si fa la raccolta differenziata* dei rifiuti. È abbastanza comune trovare per le strade di molte città le cosiddette "campane" per la raccolta delle bottiglie di vetro e delle lattine.* Esistono anche cassonetti* speciali per la raccolta della carta, cestini per la raccolta delle pile* consumate, di solito davanti ai negozi che vendono pile, e scatole per depositare

---

pari = even; *piombo* = lead; *marmitta* = muffler (converter); *guaio* = *difficoltà*; *nettezza urbana* = municipal sanitation department; *impianto di riscaldamento* = heating plant; *velenoso* = poisonous; *arginare* = to curb; *"usa e getta"* = "throw away"; *galleggiare* = to float; *famigerato* = notorious; *raccolta differenziata* = pick-up of materials separated for recycling; *lattina* = can; *cassonetto* = bin, dumpster; *pila* = battery

medicinali scaduti davanti alle farmacie. Inoltre funziona anche un consorzio nazionale per il prelievo* dell'olio usato proveniente dai motori degli automezzi e delle batterie esauste degli stessi.

5. Molta strada da fare.

Benché ci siano motivi per un cauto ottimismo in alcuni settori, da altri continuano a provenire dati scoraggianti. Grande scalpore* e scandalo hanno suscitato le cosiddette "navi dei veleni" qualche anno fa. Cariche* di rifiuti industriali tossici di provenienza italiana, hanno girato mezzo mondo cercando di smaltirli illegalmente. È stato poi reso noto che da anni molte industrie italiane si disfano dei rifiuti pericolosi affidando la responsabilità ad operatori che a loro volta hanno smaltito i rifiuti in discariche non-autorizzate, spesso in paesi sottosviluppati, o comunque dov'era più facile introdurli usando la corruzione. Tornate in Italia, le navi sono state scaricate e i loro carichi micidiali* hanno atteso a lungo nei porti una soluzione definitiva. Consci dei potenziali problemi che questi rifiuti possono arrecare alla salute, molti cittadini contestano la presenza dei veleni nei centri urbani. Il governo, intanto, stenta* a trovare un consenso su come risolvere il pericolo dell'inquinamento industriale e si ricomincia a parlare di approvare nuove leggi. Le leggi ci sono, si sa, ma vengono applicate saltuariamente.*

6. I mari italiani.

Un altro problema è rappresentato dalle precarie condizioni in cui versano* alcuni mari italiani. Certo, alcuni miglioramenti ci sono stati. Nel golfo di Napoli, ad esempio, per anni venivano riversati liquami fognari dalla città e dalla provincia, le quali avevano subito* una forte espansione demografica a partire dagli anni Sessanta. Il risultato fu disastroso: il golfo, rinomato per la sua bellezza e sede di importanti centri turistici, era in gran parte "morto" e responsabile per un'epidemia di colera nel 1973. Questa catastrofe ha spinto il comune ad agire: un lungo e costoso intervento cominciato negli anni Settanta ha dato buon esito con la chiusura di molte fogne, l'eliminazione di tante discariche abusive, l'apertura di un depuratore a nord della città e una campagna intesa* a sensibilizzare la

---

prelievo = collection, pick-up; *scalpore* = controversy; *carico* = loaded; *micidiale* = deadly; *stentare* = to struggle, to have difficulty; *saltuariamente* = inconsistently; *versare* = *trovarsi*; *subire* = to undergo; *inteso* = intended

cittadinanza. Negli anni Ottanta il mare Adriatico fu invaso a tal punto dalle alghe che molti turisti abbandonarono o evitarono i rinomati centri balneari, con enorme danno per l'economia turistica della riviera romagnola. L'Adriatico, in passato famoso per la limpidezza delle sue acque, durante l'estate, cioè all'arrivo del grande turismo, cominciava a diventare rosso per le enormi masse di alghe e in alcuni luoghi una mucillagine* scura si insediava* sulle spiagge di sera. Pesci morti per mancanza di ossigeno galleggiavano a riva. Sebbene i comuni lavorassero di notte per ripulire le spiagge, le perdite per il turismo in fuga* furono notevoli. Le ragioni di questo disastro ecologico vanno ricercate sia nello sviluppo turistico e industriale della costa adriatica, che nell'inquinamento del fiume Po e dei suoi affluenti, i quali sfociano* appunto nell'Adriatico settentrionale, attraversando la Lombardia e l'Emilia-Romagna. In questi corsi d'acqua vengono immessi scarichi fognari provenienti da varie città, Milano inclusa, e residui liquidi industriali. Un'altra ragione per la crescita delle alghe si può trovare nell'agricoltura. La Val Padana, com'è noto, è la zona agricola più importante della penisola. Con le piogge, le tenute agricole e gli allevamenti* di bestiame,* per l'impiego massiccio di fertilizzanti e la produzione di letame* animale, fanno scorrere* grandi quantità di nitrati nei corsi d'acqua. La presenza di queste sostanze organiche fertilizzanti portate dalle acque del Po determina la rapida crescita delle alghe nell'Adriatico. Sovralimentate,* favorite dalle calde temperature estive e da fondali* bassi, le alghe crescendo consumano l'ossigeno e provocano la morte delle specie marine. Sebbene ci siano iniziative sia a livello locale che a livello nazionale, il problema delle alghe nell'Adriatico è complesso, e prima di arrivare a una soluzione saranno necessari anni di studio e la messa in atto di un programma di risanamento* che faccia conto dei molteplici aspetti del problema.

7. L'edilizia abusiva.*

Tra i danni arrecati all'ambiente bisogna segnalare anche l'effetto dell'edilizia abusiva, la quale per varie ragioni non sempre viene punita secondo la legge. Il fenomeno, purtroppo, colpisce l'Italia un po' dovunque. Nelle grandi città, specialmente nel Meridione, si costruisce senza licenza,

---

mucillagine = slime; *insediarsi* = to settle; *fuga* = flight; *sfociare* = to flow; *allevamento* = breeding farm; *bestiame* = animal; *letame* = manure; *scorrere* = to flow; *sovralimentato* = overfed; *fondale* = water-depth, sea floor; *risanamento* = reclamation, recovery; *abusivo* = illegale

o in barba* al piano regolatore* che può essere modificato se il costruttore ha appoggi politici. Nelle città si aggiungono senza autorizzazione piani e mansarde* sui palazzi, deturpando* il paesaggio urbano. A Napoli e in altre città meridionali si costruiscono palazzi su tutti i terreni edificabili, quasi uno sopra l'altro, a volte con soluzioni architettoniche non raccomandabili. Sono abbastanza comuni gli incendi dolosi* di aree boschive* o comunque non edificabili per favorire la modifica di un piano regolatore. Il fenomeno è ancora più deplorevole in quanto si tratta di zone bellissime che dovrebbero essere salvaguardate da tanti scempi* edilizi. Le coste italiane sono piene di villini, appartamenti e case di villeggiatura costruite abusivamente, favorite spesso da tangenti o da appoggi politici. Nella provincia di Caserta, sul litorale* una volta noto per la sua bianchissima sabbia e stupenda pineta, è stato costruito il Villaggio Coppola Pinetamare, orrendo agglomerato di altissime costruzioni non previste dal piano regolatore che deturpano il paesaggio. Il potente costruttore con appoggi politici è riuscito ad aggirare la legge. Su molte strade, specialmente quelle che portano alle spiagge più frequentate, si susseguono chioschi, negozietti per ogni sorta di commercio abusivo (senza licenza). Per fortuna ogni tanto qualche giudice coraggioso, applicando i "sigilli,"* impedisce che la costruzione sia portata a termine, o fa abbattere* dalle ruspe* gli edifici sorti senza licenza. I partiti, però, a volte rispondono alle pressioni politiche approvando condoni* per gli edifici costruiti senza licenza, in sostanza permettendo che il problema dell'abusivismo continui. Dopo il terremoto del 1980 che ha colpito una vasta zona che comprende parte della Campania e dell'Irpinia, l'edilizia abusiva, con la scusa che bisognava dare alloggi a molti senza tetto,* ha dilagato.

Certo, la pressione sull'ambiente è un problema grave che coinvolge tutto il pianeta. Rimane positivo lo sviluppo in Italia negli ultimi anni di una coscienza per l'ambiente, anche perché il problema può sembrare più grave che altrove per lo spazio limitato in cui si trovano a vivere cinquantasette milioni di persone, e il piccolo Mediterraneo non è l'oceano.

---

in barba a = notwithstanding; *piano regolatore* = zoning laws; *mansarda* = penthouse; *deturpando* = defacing, disfiguring; *incendio doloso* = arson, deliberately set fire; *boschivo* = wooded; *scempio* = damage; *litorale* = coastline; *appoggio* = support; *"sigilli"* = (literally, seals) a notice that indicates that a construction site is closed down; *abbattere* = to raze; *ruspa* = bulldozer; *condono* = pardon; *senza tetto* = homeless

NOTE

1 Per dati recenti, vedere Carlo Gallucci, "Cambiare aria," *L'Espresso*, 12/5/91, pp. 156–61.
2 Riportato da Gallucci, p. 158.

PER SAPERNE DI PIÙ

Arachi, Alessandra, e Maria Laura Rodotà. "Nel gregge no." *Panorama*, 25/8/91, pp. 38–42.
Cederna, Antonio. *Brandelli d'Italia. Come distruggere il bel paese*. Roma: Newton Compton, 1991.
Filippi, Luciano. "Mucillagine addio." *L'Espresso*, 1/12/91, p. 85.
Fontana, Enrico. "Sfida al decibel." *L'Espresso*, 12/5/91, pp. 161–5.
Gallucci, Carlo. "Cambiare aria." *L'Espresso*, 12/5/91, pp. 156–61.
Mattalia, Daniela. "Carta di denari." *Panorama*, 20/10/91, p. 155.
Melandri, Giovanna, e Giulio Conte. *Ambiente Italia 1992*. Firenze: Vallecchi, 1992.
Pinchera, Andrea. "Le vie del rifiuto sono finite. E adesso?" *Europeo*, 1/5/92, pp. 70–3.
Sottocorona, Chiara. "General fracasso." *Panorama*, 14/4/91, pp. 160–5.

I. Rispondete alle seguenti domande:

1. Quali sono due segni che indicano che molti italiani e anche il governo italiano prendono sul serio i problemi dell'ambiente?
2. Quali sono alcuni problemi ambientali in Italia? Quali sono le ragioni per cui esistono questi problemi?
3. Descrivete qualche iniziativa per risolvere il problema dell'inquinamento in Italia.
4. Quali sono alcuni scandali recenti nello smaltimento di rifiuti solidi e tossici?
5. Qual è lo stato di alcuni mari italiani? A che cosa è dovuto l'inquinamento? Cosa si sta facendo per risolvere questa situazione?
6. Che cos'è l'edilizia abusiva?
7. Perché l'effetto dell'inquinamento in Italia può sembrare peggiore di quello negli Stati Uniti o in Canada?

II. Proposte per elaborazioni orali o scritte.

A. Riassumete i più importanti problemi ambientali in Italia e ciò che sta facendo l'Italia negli ultimi anni per migliorare la situazione. Poi confrontate la situazione in Italia con quella nel vostro paese, facendo riferimenti specifici. Ci sono somiglianze? Differenze? Concludete con la vostra opinione sul problema dell'ambiente.

B. Secondo voi, ci sono limiti nel salvaguardare l'ambiente? Fino a che punto è giusto sfruttare le risorse naturali? È mai giusto sacrificare qualche aspetto dell'ambiente?

C. Quali dovrebbero essere le responsabilità di quelle nazioni che consumano maggiormente le risorse naturali del mondo?

D. Cosa fate personalmente per salvaguardare l'ambiente? Cosa potreste fare di più?

III. Esercizi.

A. Dopo aver ripassato i pronomi (anche i doppi pronomi) e la loro posizione nella frase, scegliete la forma giusta:

1. "Signor ministro, (*La / Le / gli / lo*) prego di fare il possibile per salvare i monumenti."
2. "Dottor Minonzio, (*si / gli / Le / La*) piacciono le condizioni dei mari italiani?"
3. (*Me / Ce / Lo / Se*) ne vado subito.
4. Abbiamo letto l'articolo e parlato con il professore: (*gliene / glielo / ce ne / ce lo*) scriveremo un riassunto.
5. Ho guardato l'ora: (*me ne / mi ci / gliela / ce la*) vorrà molto tempo per smaltire tutti questi rifiuti.
6. (*Ce ne / Ve lo / Ci si / Glielo*) vede più tardi per montare la marmitta catalitica?
7. (*Me / Se / Ce / Lo*) ne andremmo in macchina, se non consumasse tanta benzina.
8. "Professor Venturi, vuole dei sacchetti biodegradabili? Quanti (*La / ne / gli / Le*) bastano?"
9. Quanto tempo (*ne / le / lo / ci*) metterà l'Italia per risolvere il problema dell'inquinamento nelle città?
10. Questo olio di motore usato è pericoloso: (*ci si / lo si / gliene / ce ne*) porta via subito.

B. Completate le frasi:

1. I turisti ritorneranno sulla costa adriatica purché
2. Le automobili con targhe che finiscono con numeri pari sono le uniche che
3. Il mare Mediterraneo sarebbe più pulito se

4. Non sapevamo che le alghe
5. Quando gli italiani decideranno di usare meno l'automobile
6. Siamo preoccupati che l'inquinamento
7. Penso che nel secolo scorso i fiumi italiani
8. Era meglio se tutti i depuratori
9. Secondo i giornali, l'edilizia abusiva
10. È evidente che una concentrazione della popolazione

C. Volgete le frasi alla forma attiva:

esempio: Speravano che i corsi d'acqua sarebbero stati ripuliti dalla nuova amministrazione.
Speravano che la nuova amministrazione avrebbe ripulito i corsi d'acqua.

1. Credo che i problemi ambientali siano stati ignorati dai cittadini.
2. Il partito politico dei Verdi è stato creato dagli ambientalisti.
3. I centri di molte città italiane furono costruiti migliaia di anni fa dai romani.
4. Le strade e le fogne non erano state concepite per la società moderna dagli architetti.
5. Pensavamo che una gran parte dei rifiuti industriali fossero esportati dalle nazioni più sviluppate.
6. È un vero peccato che i monumenti vengano rovinati dall'inquinamento.
7. Se tutte le case abusive fossero abbattute dalle ruspe, ci sarebbe una crisi degli alloggi.
8. Verranno proposte dai Verdi nuove iniziative per tutelare l'ambiente.

D. Formate dei periodi usando i vocaboli suggeriti come nell'esempio:

esempio: cittadini/avere/responsabilità/salvaguadare/ambiente
I cittadini hanno la responsabilità di salvaguardare l'ambiente.

1. ragioni/problemi ambientali/trovarsi/assetto/territorio italiano
2. crescita/volume/rifiuti/cominciare/paralizzare/discariche cittadine
3. traffico/intenso/consentire/velocità massima/tre chilometri/ora
4. governo/stentare/trovare/consenso/come risolvere/pericolo/inquinamento industriale
5. Napoli/costruire/palazzi/terreni edificabili

15. UN PICCOLO IMPRENDITORE DIFENDE IL SUO PRODOTTO

Raffaele Del Giudice produce un formaggio tipico italiano, la mozzarella. Ultimamente egli si trova a dover far fronte ai vari problemi nati dalla modernizzazione del settore, nonché dalla concorrenza e dall'aumento dei costi. Non gli è facile, di fronte a questi cambiamenti, difendere l'autenticità del suo prodotto. Siamo andati a trovarlo in provincia di Caserta, nella sua tenuta* dove pascolano* mandrie* di grosse bufale dal colore nerastro, animali che si è abituati a vedere più spesso negli zoo o in certi film ambientati in oriente. La nostra conversazione ha luogo sotto un eucalipto i cui lunghi rami profumati dondolano* nella brezza. Sullo sfondo pianeggiante,* brullo* tranne filari* di alti pini chiomati* piegati dal vento, si intravedono, non troppo lontano, delle colline dalla sagoma* levigata* ma rocciosa. Il sole picchia.* L'aria sa* di bufala, di pino, di eucalipto. (La trascrizione dell'intervista riporta la lingua parlata, colloquiale, di Raffaele, il quale ha conseguito il diploma di scuola superiore.)

Levami una curiosità: da quale animale viene il latte per la mozzarella?
Logicamente la mozzarella viene prodotta dal latte della bufala, un animale che fino a poco tempo fa esisteva solo nella provincia di Caserta.

Non ci sono allevamenti altrove?
Stavo dicendo che esisteva solo in provincia di Caserta e nel salernitano,* nella zona di Battipaglia. Pochissime c'erano a Latina … proprio pochissime. Oggi purtroppo la bufala si sta estendendo in tutta l'Italia.

Tu dici "purtroppo," perché?
Perché ci stanno facendo concorrenza!

---

tenuta = farm; *pascolare* = to graze; *mandria* = herd; *dondolare* = to sway; *pianeggiante* = flat; *brullo* = barren; *filare* = row; *chiomato* = full (leafy); *sagoma* = shape; *levigata* = smooth; *picchiare* = to beat down; *sa* = (sapere) smells; *salernitano* = la provincia di Salerno

Da dove viene la bufala? È un animale nostrano?
La bufala viene dall'India, la bufala italiana. Ci sono parecchi tipi di bufale – quattro o cinque razze in tutto.

... da cui si ha il latte per la mozzarella?
No, la mozzarella si fa solo dalla bufala italiana, dalla bufala casertana, campana e da tutte le bufale che provengono da questa zona, perché in origine la bufala è stata importata solo nel casertano.

Più o meno quando?
Nel Settecento.

Per quale motivo?
Per un motivo di lavoro.

Bestia da soma, quindi ...
Essendo un animale molto intelligente si adattava a lavorare nei campi.

Quindi originalmente era un animale portato solo per lavorare nei campi ...
Sì. Era un animale poco esigente, riusciva a campare [sopravvivere] con poca roba, con un po' di paglia, erba non troppo buona, erba paludosa. Nella zona del casertano di Villa Literno, di Cancello Arnone, nei "mazzoni" di Capua, dove si è insediata* la bufala, era tutta palude. Quindi si adattava al posto perché è un animale che innanzitutto vuole acqua. Si adattava a vivere in quella zona perché era una zona paludosa, una zona acquitrinosa,* per cui la bufala riusciva a scampare anche l'inverno [nota: significa "a sopravvivere d'inverno"], perché non esistevano le stalle.*

Come hanno trasportato queste bufale dall'India? Sembra una distanza enorme.
Questo non lo so, come le abbiano trasportate. Hanno portato pochi capi, poi piano piano si sono allargate le mandrie.

Quando si è cominciato a produrre la mozzarella?
Penso nell'Ottocento, ma le date non credo che si sappiano.

---

insediarsi = to settle; *acquitrinoso* = *paludoso*; *stalla* = stable

MOZZARELLA DI BUFALA

**Il suo colore bianco porcellana,
la sua forma compatta, la sua lucentezza,
il gusto caratteristico del latte di bufala.**
È veramente
inconfondibile.

Aspetti nutrizionali

È la sua composizione chimica e biologica a rendere la mozzarella di bufala un alimento ideale per tutti.

Il latte di bufala, infatti, è ricco di vitamine, sali minerali, proteine totali, e calcio (ogni 100 gr. di mozzarella di bufala contiene mediamente 500 mg. di calcio).
Essa, inoltre, contribuisce ad eliminare i danni causati dall'osteoporosi ed ha un effetto benefico nella digestione in quanto agisce a livello intestinale eliminando la flora batterica alcalina accumulatasi nell'intestino.

Come gustarla

La mozzarella di bufala è un formaggio con elevata versatilità di consumo. Può essere utilizzata, semplicemente, accanto all'insalata o come ingrediente di svariate ricette.
Mozzarella di bufala, pomodoro, basilico, olio di oliva, questi gli ingredienti della famosa pizza Margherita.

Come conservarla

Estrarre la mozzarella dall'involucro, accertarsi che su di esso ci sia il marchio di tutela del consorzio, porla in un recipiente di ceramica o di terracotta nel proprio liquido di governo. Non sostituire quest'ultimo con acqua corrente e porre il recipiente in un luogo fresco e ventilato. Evitare di usare il frigorifero o comunque estrarla almeno un'ora prima di consumarla.

Zone di produzione

La sua produzione è ancora strettamente legata alle aree di produzione della materia prima (Campania e basso Lazio).

Come riconoscerla

Di sapore gradevolmente acidulo, con vago odore di muschiato, al taglio lascia scolare delle sierosità biancastre dal profumo di fermenti lattici. Essa deve essere provvista di incarto, sul quale deve apparire la scritta "mozzarella di bufala" e non solo "mozzarella", ma soprattutto il marchio del Consorzio Nazionale per la Tutela del Formaggio Mozzarella di Bufala.

Questo marchio garantisce che è di bufala.

CONSORZIO NAZIONALE PER LA TUTELA DEL FORMAGGIO MOZZARELLA DI BUFALA
80143 Napoli - Piazzale Lobianco, 10 - Tel. e Fax 081/5844261

Quindi è un prodotto abbastanza recente ...
Mio nonno, che è nato nel 1852, già produceva la mozzarella.

Come si fa la mozzarella?
Per produrre la mozzarella con il latte di bufala bisogna prendere il latte, darci il caglio,* una sostanza che si usa per farlo rapprendere,* per far cagliare il latte. Oggi è chimica questa sostanza, ma anni fa era naturale. Prima si usava un organo dell'intestino dell'agnello [nota: una parte dello stomaco], che si metteva per una ventina di giorni in una parte fresca, quasi in putrefazione, poi buttavano il latte e il latte si cagliava. Oggi si riscalda il latte di bufala a trentacinque gradi – sempre a trentacinque gradi – e si dà il caglio e dopo un po' di tempo si vede che il latte si decompone.* Poi si tiene il latte sempre alla stessa temperatura di trentacinque gradi, finché non affiora* la pasta*; cioè il latte si decompone in pasta e siero.* Dopodiché la pasta si lavora.

È lavorata a mano o con del macchinario?
Qualche azienda ha tentato di lavorarla con la macchina, ma il prodotto è molto scarso.

È sbagliata la consistenza?
Il prodotto non viene bene, perché per la qualità della mozzarella, oltre al latte che deve essere buono, dev'essere di buona qualità anche la manifattura, il tempo di lavorazione.

È come lavorare la pasta per il pane o per le pizze: si tratta di impastare bene?*
Sì, esatto. Un buon curatino – si chiama curatino colui che fa le mozzarelle – deve vedere la pasta a che punto è arrivata, a che punto sta, e deve lavorarla al momento giusto. Questo la macchina non lo può fare, perché ci sono dei tempi di lavorazione da rispettare e non si possono stabilire questi tempi perché ci sono dei fattori sia esterni che del latte. Dipende dalla flora batterica che c'è nel latte, la pasta a che punto di maturazione è arrivata, come è arrivata, come si presenta la pasta, se fa caldo, se fa freddo, se siamo in estate, se siamo in inverno ... tutti fattori che chi fa la mozzarella deve conoscere. Infatti, l'arte del curatino, diciamo, è come l'arte del pizzaiolo.*

---

caglio = rennet; *rapprendere* = to curdle; *decomporsi* = to separate; *affiorare* = to rise to the surface; *pasta* = curd; *siero* = whey; *impastare* = to knead; *pizzaiolo* = *chi fa la pizza*

Il lavoro del curatino è un'arte che si tramanda* da padre in figlio?
Sì, gente del settore impara questo mestiere. Infatti in un caseificio* la cosa più importante è il curatino, chi si prende la responsabilità di fare le mozzarelle.

La lavorazione quanto dura, in genere?
Dipende. Dipende dal tempo.

Mettiamo* d'estate ... tempo caldo.
Tre-quattro ore.

E d'inverno?
Dipende – dato il caglio e mantenuto il latte a trentacinque gradi – da quando arriva la cagliata. Prima, quando si dava il caglio con l'interiora d'agnello, la mozzarella veniva alle undici, a mezzanotte d'inverno.

Avevi detto che questo non si usa più
Non si usa più perché gli operai costano e non si possono far lavorare di notte. Perciò si usa la sostanza chimica per far arrivare la pasta, la cagliata prima [nota: significa per fare affiorare più in fretta la pasta che viene lavorata in formaggio]. Ma quando era tutto naturale, si aspettava fino a quando la pasta arrivava, e d'inverno, alcune volte nei mesi di dicembre, di gennaio, quando fa freddo, la cagliata arrivava tardi, alle undici, a mezzanotte. E a quell'ora si cominciava a fare la mozzarella.

Da quanto tempo è finito l'uso del caglio naturale?
Penso da quando le varie aziende hanno smesso di fare le mozzarelle e sono subentrati i caseifici. Vedi, all'origine la mozzarella veniva prodotta nell'azienda bufalina che aveva delle grosse tine, delle grosse caldaie,* e con la legna degli argini* si scaldava il latte. Era tutto naturale, e poi dopo si facevano le mozzarelle che andavano sul mercato e venivano vendute.

Dalla lavorazione al consumatore in quanto tempo?
Anni fa di mozzarella se ne produceva molto meno di oggi e veniva portata al mercato in due giorni. E si manteneva benissimo anche d'estate,

---

tramandare = to hand down; *caseificio* = cheese factory; *mettiamo* = let's say (suppose); *caldaia* = cauldron; *argine* = edge of the property

164 L'Italia verso il Duemila

perché era naturale: per cinque, sei, sette giorni senza nessun additivo dentro si conservava bene. Oggi invece, prima che la mozzarella venga prodotta nei caseifici, il latte già subisce una trasformazione. Si munge* meccanicamente con la mungitrice meccanica, e per quanto si cerchi di tenerle più pulite possibile, danno sempre un grado di acidità superiore di quando si mungeva a mano. Poi il latte viene sbattuto* durante il trasporto al caseificio e la mozzarella oggi viene commercializzata* tutti i giorni ...

Dopo quanti giorni dalla data di produzione diventa sconsigliabile consumarla? Si legge sempre di salumieri che vendono mozzarelle scadute* ...*

Oggi secondo la legge la mozzarella si potrebbe commercializzare entro dieci giorni dalla produzione, ma secondo me la mozzarella dev'essere mangiata nelle ventiquattr'ore da quando è prodotta, se è una buona mozzarella. Dopo ventiquattr'ore comincia a perdere di qualità.

Quelle che si trovano nei grandi negozi negli involucri di plastica confezionati, sono autentiche? Ad esempio, quelle che portano marchi nazionali ...*
Non sono mozzarelle, non possono chiamarsi mozzarelle.

Che cosa sarebbero allora?
Purtroppo, per la legge italiana ci sono tre tipi di mozzarella: la mozzarella prodotta con il latte di bufala sarebbe la vera mozzarella, dalla quale nasce anche il nome "mozzarella," chiamata così perché prima veniva mozzata, tagliata con le mani. Poi hanno rubato il nome, hanno rubato anche la forma le varie industrie, e hanno fatto anche delle leggi, quando è uscita la legge sulla mozzarella, sull'incarto* della mozzarella. La Locatelli e la Galbani [nota: grandi società produttrici di latticini] hanno cercato di trasformare la legge per le proprie esigenze. Quindi oggi in Italia ci sono tre tipi di mozzarella: la mozzarella di bufala, che per me è l'unica mozzarella, non ne esistono altre; la mozzarella mista, fatta con latte di bufala e latte di vacca, che per legge dovrebbe avere al minimo trenta per cento di latte di bufala altrimenti non si può chiamare mozzarella mista. E poi la mozzarella fatta soltanto di latte di vacca, chiamata mozzarella prodotta con latte di vacca.

---

mungere = to milk; *sbattere* = to shake; *commercializzare* = *vendere (mettere in vendita)*; *sconsigliabile* = unadvisable; *scaduto* = expired; *involucro* = wrapper; *incarto* = wrapping

E la differenza tra mozzarella e fiordilatte?
Il fiordilatte sarebbe la mozzarella fatta con latte di vacca.

Cosa c'è che tutela gli interessi dei produttori di mozzarella di bufala? C'è un marchio DOC? [nota: Il marchio DOC, denominazione di origine controllata, garantisce l'autenticità di un prodotto. Ad esempio, in Italia un vino Chianti può chiamarsi tale solo se porta il marchio DOC indicando che è stato prodotto in una zona, il Chianti, che sta tra Firenze e Siena.]
Oggi il marchio DOC stiamo tentando di farlo. [nota: il marchio DOC per la mozzarella è stato approvato qualche mese dopo quest'intervista.] Non so se ci riusciremo perché ci sono gli interessi delle grandi aziende del Nord che cercano di far passare i loro formaggi, anche se oggi le aziende del Nord vengono da noi a farsi produrre le mozzarelle, perché non sono capaci di farsele da sé, e le vendono con il loro marchio.

Qualche nome si può fare?
Sì, la Polenghi Lombardi ha fatto contratti con dei grossi caseifici, si fa produrre la mozzarella, la vende con il proprio marchio, però sotto nello scritto piccolo, c'è "prodotto nei caseificio tal dei tali* con latte di bufala."

C'è un'espansione del mercato oggi?
Non è un mercato in crisi. È un mercato che sta tirando bene, tira per tutta l'Italia, anche all'estero. Il problema dell'esportazione è legato proprio ai tempi in cui dev'essere consumata la mozzarella, che, a parer mio, bisognerebbe consumare nelle ventiquattr'ore, ma non più di quaranta ore dopo quando viene prodotta. E poi c'è un problema d'imballaggio* perché la mozzarella, per mantenersi bene, ha bisogno di conservarsi nel proprio liquido di governo, quindi aumenta molto il peso della spedizione. Se noi vogliamo spedire una buona mozzarella dobbiamo spedire acqua [nota: il siero], cioè, che sarebbe liquido di governo, e mozzarella, per cui il peso aumenta.

Problemi generali nella produzione della mozzarella?
Sì, Per quanto riguarda la commercializzazione, negli ultimi anni.
Con la legge vecchia abbiamo avuto l'obbligo dell'incarto della mozzarella. Questa legge, che è uscita secondo le direttive CEE [la Comunità Economica Europea], impone che tutti i prodotti che vengono venduti de-

---

tal dei tali = so-and-so; *imballaggio* = packing

vono essere incartati per ragioni igieniche. Noi abbiamo sfruttato questa legge per cercare di colpire il trasformatore* disonesto, il quale vendeva mozzarella non prodotta con latte di bufala per mozzarella di bufala. Anche se il NAS [il Nucleo Anti-Sofisticazione, investigatori che controllano che gli alimenti siano prodotti in conformità alla legge] prelevava* per le analisi formaggi in un negozio, o in una salumeria, ma non si riusciva mai a colpire il produttore disonesto perché non essendoci nessun marchio, nessun involucro dove stava scritto chi aveva prodotto questa mozzarella, che poi in realtà non era mozzarella, ma qualcosa prodotta con latte di vacca, latte in polvere e altre cose, e quindi non si poteva procedere contro di lui. Anche se molte cause* si sono fatte, questi produttori disonesti sono sempre usciti per insufficienza di prove. Non sono stati condannati perché purtroppo non si potevano colpire. Oggi questo è lo spirito della legge: cercare di arrivare al produttore che intromette* sul mercato una mozzarella non prodotta secondo le regole, e colpirlo. E con l'incarto della mozzarella, anche se all'inizio è stato una frana [cioè, un disastro, o controproducente], soprattutto nel napoletano,* perché erano abituati a veder la mozzarella nel liquido di governo senza carta dall'inizio, si è visto, dopo tre-quattro anni, che è stata un'ottima legge, perché il consumatore ha iniziato a capire qual era la buona mozzarella, a conoscere, a volere una determinata mozzarella di un determinato produttore, perché sapeva che la faceva bene, e a chiedere proprio nella bottega quel tipo di mozzarella. Quindi il prodotto fatto bene sta iniziando ad andare avanti, e il prodotto sofisticato* ha perso quota, e si è riusciti anche, in certo qual modo, a limitare moltissimo gli imbrogli.* Perché, riuscendo a colpire il produttore disonesto, il produttore, anche se era a un tempo disonesto, è diventato onesto per paura.

Una grande espansione del mercato non è realisticamente possibile?
No, oggi riusciamo a coprire quasi tutta l'Italia.

La domanda è in crescita?
Sì, in forte espansione.

E all'estero?
L'estero non la conosce ancora la mozzarella.

---

trasformatore = *chi trasforma latte in formaggio*; *prelevare* = to withdraw; *causa* = lawsuit; *intromettere* = to introduce; *napoletano* = *la provincia di Napoli*; *sofisticato* = adulterated; *imbroglio* = fraud

I mercati esteri migliori quali sono?
La Svizzera, la Germania, la Francia. Gli Stati Uniti no, perché è troppo lontano. Veramente non è una questione di lontananza, è una questione di costo nel mandare la mozzarella: mandandola per via aerea, purtroppo il costo sarebbe altissimo.

Il prezzo al consumatore è un prezzo realistico, giusto, un po' basso? Ci si aspetta un rincaro nei prezzi?
Non credo, perché essendo un prodotto di massa, non si può elevare il prezzo. La mozzarella è come la carne, un prodotto che deve invadere il mercato, e non si può elevare il prezzo alle stelle, perché se no, non viene più mangiato, insomma. A Napoli viene mangiato normalmente come la carne. Oggi si sta iniziando a mangiare su tutte le tavole – io parlo sempre di mozzarella di bufala – su tutte le tavole italiane, quindi sarà sempre un prezzo in rapporto alla vita.

Ci sono grandissimi produttori, o solo piccoli e medi?
Penso che la mozzarella, se si vuole farla bene, non si può fare in una grande azienda di trasformazione, perché deve essere fatta artigianalmente: fatta non con macchine, anche perché c'è un grande problema sulla distribuzione. Un'azienda che fa molte mozzarelle, quando cade un mercato o cade una richiesta, deve conservare il latte, deve congelarlo* o trovare altri espedienti per conservare il latte, perché il latte di bufala viene trasformato solo e unicamente in mozzarella. Poi al momento in cui si sveglia il mercato deve intromettere questo latte congelato nelle mozzarelle, che non è la stessa cosa. Quindi se si fa al livello familiare, artigianale, senz'altro il prodotto viene garantito ed è migliore.

Ma in questi giorni un prodotto artigianale può continuare a mantenere bassi i prezzi od è costretto al rincaro?*
Non credo. Io dico artigianale, ma è sempre una certa produzione di trenta-quaranta quintali* di latte al giorno, non una produzione di due-tre quintali di latte, prodotto da un caseificio onesto.

Come viene considerato un caseificio di tali dimensioni?
Quaranta quintali è un caseificio medio-alto, anche perché la bufala non produce molto latte. Per produrre cinquanta quintali di latte bisogna

---

congelare = to freeze; *rincaro* = price rise; *quintale* = *cento chili* (220 lbs.)

mungere tra le sette-ottocento, mille bufale. Bisogna dire che la bufala, che era un animale quasi del tutto sconosciuto fino a quindici, vent'anni fa – in fatti quando si parlava della bufala in seno alla CEE, non sapevano neanche che esistesse – noi che allevavamo le bufale abbiamo dovuto sfruttare le leggi per i bovini, per le vacche, che sono animali completamente differenti. La bufala è un altra razza, una razza a sé. Tant' è vero che se cerchiamo di far accoppiare una bufala con una vacca [nota: Raffaele vuole dire toro, il maschio della specie a cui appartiene la vacca, diversa da bufalo e bufala] non si approda a niente,* proprio perché hanno geni diversi. Bisogna però dire che c'è una volontà di conoscere quest'animale da parte di tutta l'Italia. Ma non solo in Italia: io poco tempo fa ho avuto scritta una lettera da un allevatore francese che voleva avere notizie sulla bufala. Ho risposto e ho dato le mie informazioni: quindi l'interesse sta cominciando anche in Francia. Con i turisti esteri che hanno conosciuto e apprezzato la mozzarella, vorrebbero trovarla forse anche nei loro paesi.

Si potrebbe quindi trapiantare una produzione in Francia?
Non lo so, però si stanno trapiantando le bufale in alta Italia. C'è un allevamento di oltre ottocento capi in Lombardia. Non si sa se si adatteranno, ma se funziona forse potrebbero coprire loro, data la vicinanza, i mercati esteri. La bufala poi si è ingentilita.* Proprio perché ha iniziato ad essere trattata come un animale da alta produzione, ha perso molta della rusticità* di un tempo. Quindi oggi bisogna darle da mangiare adeguatamente: niente sterpaglia*; anzi la super-alimentiamo alcune volte proprio per farla produrre di più. È un animale più docile di prima, e produce di più di quello che faceva in passato. Non ha perso forse la sua intelligenza. È un animale molto intelligente: riesce a riconoscere le persone, si ricorda benissimo i posti dov'è stata, risponde e viene al proprio nome. Il vitello anche dopo pochi giorni impara il proprio nome e non lo dimentica per tutta la vita: se lo chiami viene sempre. In mezzo a una mandria di cento vitelli, tu chiami un vitello, e si presenta al cancello e ne esce uno solo. Si è adeguata al ritmo delle mungitrici meccaniche. Prima era così selvaggia che se vedeva un estraneo in mezzo alla mandria lo poteva pure ammazzare. Vivendo prima allo stato brado* conoscevano solo i butteri,* e se vedevano un estraneo vestito in modo differente erano capaci di incornarlo.* Oggi sono allevate dall'inizio nelle stalle, vengono alimentati

---

approdare a niente = essere inutile; ingentilirsi = to become domesticated; *rusticità* = wildness; *sterpaglia* = scrub grass; *stato brado* = wild; *buttero* = herdsman; *incornare* = to gore

anche con il latte in polvere i piccoli: sono diventati animali molto docili. Forse sono un po' vendicativi: se gli fai un dispetto se lo ricordano. Se conoscono l'individuo – io in mezzo agli animali ci vado senza mazza in mano, ci sono moltissimi che accarezzo tranquillamente, ci salto addosso – non succede niente.

Ci sono altre difficoltà, in generale, nel settore?
Direi prima di tutto che risulta sempre più difficile trovare italiani che vogliono fare i mandriani,* ad esempio. Devo spesso assumere africani che sono qui senza permesso di lavoro e quindi non dovrei dargli lavoro, ma come si fa? Non è facile, perché molti di questi sanno solo poche parole di Italiano e poi non sono abituati a lavorare in questo settore. Hanno un'altra cultura. E poi c'è il problema – come tu sai – della camorra. È impossibile essere un commerciante, un produttore, e non dover pagare qualcosa alla camorra. A novembre presero fuoco misteriosamente le scorte di fieno* per le mandrie.

Un avvertimento?*
... Insomma, si sa a chi bisogna rivolgersi perché non accada più.

I. Rispondete alle seguenti domande:

1. Dove si fa la vera mozzarella? Da quale animale viene il latte da cui si produce la mozzarella? Da dove viene quest'animale? Perché è stato portato in Italia?
2. Come si produce la mozzarella?
3. Che cosa fa il curatino?
4. Quali cambiamenti ci sono stati recentemente nella produzione?
5. Si può conservare a lungo la mozzarella?
6. Come creano problemi per Raffaele le grandi aziende del Nord produttrici di formaggi?
7. Cos'è il marchio DOC?
8. Quali sono alcuni problemi nell'esportazione della mozzarella?
9. Qual è l'importanza della legge per cui tutti i prodotti alimentari vanno incartati?
10. Perché la vera mozzarella non può essere fatta da una grande azienda?

---

mandriano = herdsman; *fieno* = hay; *avvertimento* = warning

11. Ci sono possibilità per una maggiore diffusione della mozzarella?
12. Cosa pensa Raffaele delle bufale?
13. Quali altri problemi ha Raffaele?

II. Proposte per elaborazioni orali o scritte.

A. Quali sono dei prodotti artigianali, o che comunque impiegano una manodopera specializzata, la cui autenticità potrebbe essere compromessa in un futuro non troppo lontano? Pensate non solo a prodotti alimentari, ma anche ad altri prodotti di manifattura artigianale, agli artigiani che li producono, alle abilità di questi artigiani. Ci sono dei prodotti che, avendo perso l'originaria autenticità garantita dall'arte artigianale, sono cambiati in peggio, o sono introvabili, o di cui è scomparsa l'arte che li produceva? Perché vengono persi o dimenticati certi prodotti e l'abilità o volontà di farli? Cosa si fa nel vostro paese per tutelare e valorizzare l'artigianato? Cosa pensate che si debba fare? (Per aiutarvi a rispondere ad alcune di queste domande sarebbe forse opportuno parlare con una persona più anziana.)

B. In Italia e in molti altri paesi, si tutela l'autenticità di un prodotto alimentare con il marchio DOC, Denominazione di Origine Controllata, per garantire al consumatore che vuole, ad esempio, un vino Chianti, che la bottiglia di vino che compra con il marchio "Chianti" sia veramente vino dalla regione del Chianti, prodotto con determinati tipi di uva, secondo una tradizione ben stabilita. Negli ultimi anni, il governo italiano sta cercando di far impedire l'uso – per fare un esempio – della denominazione "Chianti" data a vini che non sono prodotti nella zona del Chianti, tra Firenze e Siena, con uve e metodi prestabiliti da una lunga tradizione. Le nazioni produttrici dei "Chianti" non autentici (tra cui gli Stati Uniti, il Canada e l'Australia) vorrebbero continuare l'uso di questo marchio su alcuni loro vini rossi. Secondo voi, chi ha ragione?

III. Esercizi.

A. Confrontate questi due brani:

Raffaele disse a Concetta:
"Prendi questa bella mozzarella e va' dalla zia Immacolata che sta poco bene; dille che non s'offenda se vogliamo darle questa merendina, che noi lo facciamo volentieri. La zia è sempre stata gentile con

noi, ci ha sempre aiutati quando ne avemmo bisogno. Dille anche di non preoccuparsi di cosa ci potrà dare in cambio (io la conosco, lei penserà subito a questo), che noi le vogliamo bene."

Raffaele disse a Concetta che prendesse (di prendere) quella bella mozzarella e andasse (di andare) dalla zia Immacolata che stava poco bene; che le dicesse (di dirle) che non s'offendesse se volevano darle quella merendina, che loro lo facevano volentieri. La zia era sempre stata gentile con loro, li aveva sempre aiutati quando ne avevano avuto bisogno; che le dicesse (di dirle) anche di non preoccuparsi di cosa avrebbe potuto dargli in cambio (lui la conosceva, lei avrebbe pensato subito a quello), che loro le volevano bene.

Notate le differenze più importanti tra il discorso diretto e il discorso indiretto nei verbi:

a. I verbi di prima e seconda persona diventano di terza (prendi – *prendesse*; va' – *andasse*; facciamo – *facevano*).
b. L'imperativo del discorso diretto (prendi, dille) diventa imperfetto congiuntivo o infinito presente preceduto da *di* (*che prendesse* o *di prendere, che le dicesse* o *di dirle*).
c. Il presente (indicativo o congiuntivo) diviene imperfetto (sta – *stava*; s'offenda – *s'offendesse*; facciamo – *facevano*, ecc.).
d. Il passato prossimo (o remoto) diventa trapassato prossimo (è stata – *era stata*; ha aiutati – *aveva aiutati*; avemmo – *avevano avuto)*.
e. Il futuro diventa condizionale passato (potrà – *avrebbe potuto*; penserà – *avrebbe pensato)*.

Le differenze nei pronomi e aggettivi pronominali:

a. Tutti i pronomi di prima e seconda persona diventano di terza (noi lo facciamo – *loro lo facevano*; cosa ci potrebbe dare – *cosa avrebbe potuto dargli*; io la conosco – *lui la conosceva*, ecc.).
b. Anche i possessivi di prima e seconda persona diventano di terza. Però: Giorgio disse: vado dai tuoi zii [dagli zii della persona che riferisce ciò che disse Giorgio]. *Giorgio disse che andava dai miei zii.*
c. Questo diventa *quello* (questa bella mozzarella – *quella bella mozzarella).*

Se il verbo reggente *disse* fosse al presente indicativo, *dice*, i verbi rimarrebbero allo stesso modo e tempo del discorso diretto (cambiando la prima e seconda persona alla terza), eccetto gli imperativi che diventerebbero congiuntivi presenti (o l'infinito presente preceduto da *di*).

1. Cambiate il brano di sopra al discorso indiretto, cominciando con "Raffaele dice a Concetta ..."

B. Trasformate le frasi al discorso indiretto:
   1. Disse: "Io andrò in campagna."
      Disse che ...
   2. Domandò: "Dove mangerai tu domani?"
      Domandò dove ...
   3. Urlò: "Non mi piace questo formaggio."
      Urlò che ...
   4. Raffaele chiese: "Vieni a trovarmi al caseificio."
      Raffaele chiese di ...
   5. Il proprietario comandò ai curatini: "Date il caglio."
      Il proprietario comandò ai curatini che ...
   6. Michele confessò: "Purtroppo dovrai mungere tu le bufale."
      Michele confessò che ...
   7. Ciro dice: "Mi diverto d'estate."
      Ciro dice che ...
   8. Dicono: "Porta i soldi a tua madre."
      Dicono che ...

C. Scrivete tre frasi contenenti discorsi diretti e trasformatele al discorso indiretto.

16. LA NUOVA IMMIGRAZIONE

1. Cosa fanno, chi sono, perché vengono.

Nelle strade del centro di Firenze vendono la loro merce, abbigliamento e accessori firmati ma col marchio contraffatto, cassette musicali pirata, accendini,* fazzoletti, bigiotteria.* D'estate, sotto il sole rovente, si trascinano* avanti e indietro per le spiagge della penisola, assomiglianti talvolta ad alberi di Natale pieni di cianfrusaglie che offrono in vendita ai bagnanti. Nelle campagne del Meridione fanno il raccolto dei pomodori. Ai semafori* delle grandi città puliscono i vetri delle vetture che aspettano il verde. Sono i nuovi immigrati provenienti dai paesi sottosviluppati del mondo e dall'Europa ex comunista, che cercano una vita migliore di quella lasciatasi alle spalle: i cosiddetti extracomunitari, cioè chi non viene dai paesi della Comunità Economica Europea. La maggior parte arriva in Italia per motivi economici, o anche politici. Chiamati da alcuni osservatori "gli schiavi del Duemila," spesso entrano clandestinamente nel Paese e lavorano senza che ne siano tutelati i diritti di lavoratori. Sfruttati, pagati poco, non di rado* costretti a fare i lavori più pericolosi e dannosi alla salute che ormai nessun italiano accetterebbe, i nuovi immigrati stanno dando all'Italia un volto multietnico e multiculturale mai prima conosciuto, ma da tempo realtà non solo negli Stati Uniti, ma anche in altre nazioni europee, specialmente in Inghilterra, Germania e Francia. Non si sa quanti siano, così è in corso una ricerca per accertarne il numero. Secondo alcune stime sarebbero almeno un milione e mezzo.

2. I sacrifici, le speranze, la realtà.

L'Italia, quindi, da un paese di emigranti è diventata la meta* di molti immigrati, anche perché le autorità rilasciano facilmente visti d'entrata e

---

accendino = cigarette lighter; bigiotteria = trinkets; trascinarsi = to drag oneself; semaforo = traffic light; di rado = raramente; meta = goal

sono incapaci di regolarne gli abusi. Sperando in una vita migliore, alcuni immigrati vengono reclutati nel loro paese da operatori senza scrupolo motivati dall'occasione di sottrar* loro quel poco che hanno risparmiato con sacrificio. Arrivano in prevalenza nel sud della penisola, a volte stipati nelle celle frigorifere di navi da carico. Sbarcati* furtivamente, diventano subito preda* dei "datori di lavoro." Chi invece entra con mezzi legali, al controllo dei passaporti spera di convincere gli agenti di essere in verità un turista, per non vedersi rispedito al paese di origine. L'obiettivo per molti è di risalire* la penisola per lavorare nei centri più ricchi del Nord. In quanto la maggior parte degli immigrati conosce poco la lingua italiana e gli italiani sono quasi sempre ignari della cultura degli extracomunitari, il loro inserimento nella società italiana è difficilissimo. Nei casi più fortunati, si creano comunità che aiutano a conservare tradizioni e culture. In Sicilia, a Mazara del Vallo, per esempio, si sono stabiliti molti tunisini che lavorano sui pescherecci* e nel loro quartiere ora sorgono una moschea, una scuola e luoghi di ritrovo.* Per la grande maggioranza la realtà è un'altra: spesso abitano nelle stalle, nei ruderi* di case abbandonate, senza acqua e senza riscaldamento, oppure dormono per la strada. A Firenze la polizia ha trovato capannoni-fabbriche* abusive in cui abitavano in poco spazio lavoratori cinesi clandestini costretti a starsene al posto di lavoro anche di notte.

3. Gli italiani e gli "altri."

La presenza di questi nuovi immigrati ha dato luogo negli ultimi anni a un crescente numero di episodi di razzismo. Recentemente sono stati pubblicati in Italia alcuni saggi che indagano sul fenomeno.[1] Essendo stato nel passato recente un paese monorazziale, l'Italia deve ora abituarsi a usanze ed esigenze* diverse. L'impresa* non è facile: i problemi che si presentano quotidianamente sono tanti, la strada da fare, lunga. Frutto dell'ignoranza, l'intolleranza per gli extracomunitari, specialmente quelli di colore, ha vari volti. C'è chi li accusa di non voler lavorare troppo, senza riconoscere che non tutto il mondo segue i ritmi di lavoro frenetici dei paesi più industrializzati. Si vedono invece, con maggiore frequenza, uomini di colore che lavorano nel settore edilizio lunghe ore sotto il sole cocente guardati da operai italiani seduti all'ombra. Insomma, vengono a

---

sottrarre = to steal; *sbarcato* = put ashore; *preda* = prey; *risalire* = to travel up; *peschereccio* = fishing boat; *ritrovo* = meeting, socializing; *rudere* = ruin; *capannone-fabbrica* = warehouse-factory; *esigenza* = bisogno; *impresa* = task

galla* tutti gli insensati pregiudizi che circolavano anni fa tra molti americani e che purtroppo non sono del tutto scomparsi. Sui muri di alcune
città compaiono graffiti che insultano giocatori di colore nelle squadre di
calcio. Grande scalpore* ha fatto qualche anno fa il caso di una poliziotta
di origine somala, cittadina italiana e sempre vissuta in Italia, la quale era
stata insultata per il colore della sua pelle da alcuni automobilisti senza
che i suoi colleghi intervenissero per difenderla. Un altro spiacevole episodio a Firenze ha fatto il giro dei titoli in molti giornali all'estero.
Inferociti* per la presenza notevole di extracomunitari, che alcuni accusa-
vano di intasare* le vie del centro con i loro banchi di merce, di far concorrenza sleale* ai commercianti con licenza, di spacciare droga e di pe-
sare sulle strutture sociali della città, centinaia di cittadini si sono
scontrati con immigrati di colore. A Milano, un gruppo di ferrovieri* ha
contestato violentemente la presenza di extracomunitari che usavano uno
spazio attiguo* al cantiere* per dormire di notte. A complicare la situazione è stata la comparsa recente di gruppi neonazisti, gli skinheads, che
sfogano la loro rabbia insensata contro non solo gli extracomunitari, ma
anche contro gli ebrei italiani. Gli episodi di violenza razzista purtroppo
sono diventati un fatto quasi giornaliero sulla penisola.

4. Le possibilità di lavoro per gli extracomunitari.

Per l'extracomunitario, la ricerca del lavoro è impresa affannosa* e difficile. Accade con frequenza che quando il lavoro c'è (oltre a quelli più
umili), l'immigrato non è qualificato anche se un lavoro simile l'aveva
svolto nel suo paese d'origine, perché le tecnologie moderne di comune
impiego nei paesi avanzati come l'Italia sono quasi del tutto assenti nei
paesi in fase di sviluppo. I corsi di aggiornamento* professionali accessibili
ai nuovi immigrati sono pressoché inesistenti. Ecco quindi che molti extracomunitari sbarcano il lunario* per le strade italiane facendo i lavavetri
o i venditori ambulanti. Per quelli che non riescono a sopravvivere lavorando c'è la tentazione della criminalità e della prostituzione.

Per chi è al corrente dell'alto indice di disoccupazione in Italia – che
sfiorava il 12% nel 1996, ma in certe regioni meridionali arriva a punte intorno al 20% – può sembrare paradossale che tanti immigrati arrivino ogni
anno in cerca di lavoro. Eppure il lavoro c'è, perché molti italiani rifiutano

---

galla = surface; *scalpore* = clamour; *inferocito* = enraged; *intasare* = to block, to obstruct;
sleale = unfair; *ferroviere* = railroad worker; *attiguo* = adjacent; *cantiere* = railroad yard;
affannoso = *difficile*; *aggiornamento* = development (updating); *sbarcare il lunario* = to
make ends meet

di lavorare nell'edilizia, negli allevamenti di bestiame, sui pescherecci, nelle fonderie, nei macelli,* nei campi: tutti lavori faticosi e umili. Negli ospedali italiani servirebbero molti infermieri,* ma tempo fa, l'idea di un ministro di far assumere* immigrati suscitò lamentele da parte di molti disoccupati italiani, i quali, ottenuto che questi posti si offrissero prima a loro, solo in pochi accettarono, una volta saputo che i lavori disponibili comprendevano la pulizia dei gabinetti* e responsabilità simili. Esistono poi intoppi* burocratici che rendono difficile l'accesso ai posti statali, come ad esempio quello di netturbino,* in quanto bisogna essere cittadini italiani. Anche se alla nettezza urbana e ad altri servizi di molte città gioverebbe* un numero più alto di dipendenti, le assunzioni sono spesso bloccate. Per alcuni impieghi è necessario avere un titolo di studio,* ma è pressoché impossibile per molti immigrati dimostrare di avere un titolo equivalente dal loro paese, secondo le norme imposte dal governo italiano.

5. La nuova "terra promessa" e la nuova realtà.

L'Italia, quindi, è stata scoperta non soltanto da chi ama la cultura e dal turismo, ma anche da chi cerca di migliorare il proprio tenore di vita. L'arrivo di tanti immigrati è un chiaro segno dell'accresciuto benessere del Paese. L'integrazione degli extracomunitari nella società italiana però rimane un'impresa ardua, che certamente seguirà il percorso difficile tracciato da quelle nazioni che hanno assorbito diversi gruppi etnici. Destinata a diventare una nazione multirazziale, l'Italia dovrà dimostrarsi capace di assorbire i nuovi immigrati senza emarginarli e, così facendo, di dare ulteriore prova delle sua capacità di adattarsi e dello spirito caritevole dei suoi cittadini.

NOTA

1 Vedere Rosellina Balbi, *All'erta siam razzisti* (Mondadori, 1988) e Giorgio Bocca, *Gli italiani sono razzisti?* (Garzanti, 1988).

PER SAPERNE DI PIÙ

Balbi, Rosellina. *All'erta siam razzisti*. Milano: Mondadori, 1988.

---

macello = slaughterhouse; *infermiere* = nurse; *assumere* = to hire; *gabinetto* = toilet; *intoppo* = obstacle; *netturbino* = sanitary engineer; *giovare* = to be beneficial; *titolo di studio* = degree

Bernieri, Claudio. "Ma perché farci entrare in Italia se non c'è lavoro?" *Europeo*, 17/5/91, pp. 38–41.

Bocca, Giorgio. *Gli italiani sono razzisti?* Milano: Garzanti, 1988.

Brindani, Umberto, Marilena Bussoletti e Marco Gregoretti. "Razza violenta." *Panorama*, 9/2/92, pp. 42–6.

Favaro, Graziella, e Maria Tognetti Bordogna. *Politiche sociali ed immigrati stranieri.* Firenze: La Nuova Italia, 1989.

Ferrarotti, Franco. *Oltre il razzismo.* Roma: Armando Editore, 1988.

Oldrini, Giorgio. "Quanto vale un vu' lavà." *Panorama*, 19/5/91, pp. 63–4.

Provvisionato, Sandro. "Meglio lavare i vetri piuttosto che lavorare in una fonderia." *Europeo*, 17/5/91, pp. 30–2.

Pugliese, Maria Immacolata, e Enrico Macioti. *Gli immigrati in Italia.* Bari: Laterza, 1993.

Spina, L., C. Ascoli, e P. Rinaldi. *Italia, Europa e nuove immigrazioni.* Torino: Edizioni della Fondazione Giovanni Agnelli, 1990.

I. Rispondete alle seguenti domande:

1. Da dove vengono i nuovi immigrati?
2. Che cosa fanno per guadagnarsi da vivere?
3. Quali difficoltà hanno i nuovi immigrati?
4. Perché arrivano molti immigrati in Italia?
5. Perché non è facile l'inserimento dei nuovi immigrati nella società italiana?
6. Descrivete come si manifesta il razzismo in Italia.
7. Perché i nuovi immigrati fanno solo i lavori più umili o si arrangiano come possono?
8. Quali sono alcune ragioni per cui è difficile per un extracomunitario trovare un lavoro?

II. Proposte per elaborazioni orali o scritte.

A. Considerate il processo d'integrazione di etnie diverse nella società americana o canadese. Si può imparare qualcosa dai successi ed insuccessi degli Stati Uniti e del Canada (o del vostro paese)? Cosa suggerireste agli italiani per minimizzare le difficoltà nell'assimilazione di nuovi gruppi etnici?

B. Pensate che i paesi più ricchi debbano accettare tutti gli immigrati che arrivano per motivi politici ed economici? Quali limiti vorreste imporre? Quali criteri adottereste per rilasciare il permesso di entrare? Cosa fareste per impedire che gli immigrati divenissero un peso economico per il Paese?

C. Come per tutti gli immigrati, anche per i nuovi immigrati in Italia è difficile conservare la propria cultura e tradizioni. Per quei gruppi etnici che da tempo si trovano sul territorio italiano (ad esempio, tedeschi e albanesi), un partito politico ha presentato ultimamente un progetto per cui il governo dovrebbe intervenire per aiutare a conservare la cultura di questi gruppi, rendendo obbligatorio nelle zone interessate l'insegnamento della lingua tedesca e albanese. La proposta non è stata accolta in quanto sarebbe, tra l'altro, molto costosa. Secondo voi, un governo ha la responsabilità di aiutare una minoranza a conservare la propria cultura e tradizioni? Ci sarebbero dei limiti? In un paese come gli Stati Uniti o il Canada, in cui forse convivono più gruppi etnici che in altri paesi nel mondo, come si dovrebbe definire una minoranza etnica?

D. Cercate in giornali e riviste italiane un articolo sugli extracomunitari in Italia. Fatene un riassunto da presentare in classe.

III. Esercizi.

A. Trasformate le seguenti frasi al discorso indiretto:

1. Il poliziotto mi chiese: "Come si chiama?" Io risposi: "Sono Catello Gaslini."
2. L'operaio continuava a ripetere: "Sono stanco, voglio fermarmi."
3. Il capogruppo ordinò: "Fate presto, correte nei campi!"
4. I ragazzi dissero: "Cercheremo lavoro in fabbrica."
5. Gesualdo disse a Carmine: "Va' da tua sorella e dalle questi libri."
6. Il commerciante domandò ai poliziotti: "Che cosa fate qui?"
7. Il presidente dichiarò: "I miei pomodori in scatola saranno i migliori."
8. Lapo disse a Oronzo: "Voglio che tu venga."
9. La zia Efisia rivelò a tutti: "Sono stata in Italia e vi ho portato un regalo."
10. I disoccupati gridavano: "È importante che ci diate un lavoro."

B. Sostituire all'infinito in parentesi la forma corretta del verbo:

1. Dovunque (andare) _____ in Italia, i nuovi immigrati hanno difficoltà a trovare un lavoro dignitoso.

2. Si temeva che gli extracomunitari non (*trovare*) _____ un alloggio decente.
3. Per diversi anni, l'obiettivo per molti immigrati (*essere*) _____ di risalire la penisola per lavorare nei centri più ricchi del Nord.
4. Avevano telefonato per dire che loro (*arrivare*) _____ il giorno dopo con il treno delle undici.
5. Ci auguriamo che le comunità di immigrati (*conservare*) _____ le tradizioni.
6. Nonostante che negli ultimi anni molti italiani (*protestare*) _____ gli spiacevoli episodi di razzismo, purtroppo la situazione non sembra migliorare.
7. Se si potranno organizzare corsi di aggiornamento professionale, (*essere*) _____ più probabile che molti extracomunitari (*potere*) _____ trovare un lavoro soddisfacente.
8. Prima che tu lo (*conoscere*) _____ , Ragnar puliva i vetri delle automobili che aspettano il verde al semaforo.
9. Ha ordinato che noi (*venire*) _____ subito con il passaporto.
10. Anche se Syphax (*avere*) _____ già una laurea in medicina dal suo paese, non può trovare lavoro.
11. Hanno lasciato che voi (*lavorare*) _____ nell'ospedale senza permesso di soggiorno.
12. Cercavano qualcuno che (*volere*) _____ lavorare nell'allevamento di bufale.

C. Date l'equivalente in Italiano:

1. I thought I would never be able to find a job.
2. Before working in the fields, Orval used to be a policeman in his country.
3. Having earned a lot by washing windows, they now hoped to buy a store.
4. The minister wanted to make the hospital hire the unemployed.
5. Make him wash his hands before eating!
6. We expected them to be more open with foreigners.
7. If these people were found by the authorities, they would be sent home.
8. As soon as they build more houses, the situation will improve.

D. Volgere le frasi al passivo:

1. Mi sembrava che l'Italia potesse assorbire molti immigrati.
2. La nettezza urbana ha assunto venti netturbini.
3. Il direttore aveva licenziato i nuovi impiegati.
4. È importante che gli italiani sconfiggano il razzismo.
5. Abbiamo fatto un dolce.
6. Se tu avessi scritto quel rapporto, ora tutti conoscerebbero la verità.
7. Voi difenderete i loro diritti.
8. La polizia trovava sempre le fabbriche abusive.

17. ROCK DURO, REGGAE VENEZIANO, BLUES NAPOLETANO E ALTRO

1. Il successo nel mondo della canzone italiana "classica."

Il panorama della musica popolare in Italia, già assai vario, ogni anno si arricchisce di nuovi esperimenti, specialmente innesti* di generi americani, con esiti a volte felici e originali. L'Italia, si sa, ha un'antica e illustre tradizione canora* popolare. In occidente sarà un'esigua minoranza chi, tra i ceti* mediamente colti,* non avrà mai ascoltato una canzone italiana, magari tradotta e riproposta (forse con discutibile gusto) da un cantante non italiano sulla cresta dell'onda*. valga* l'esempio di Elvis Presley che all'inizio degli anni Sessanta regalò ai suoi fans "It's Now or Never," versione banalizzata della napoletanissima ""O sole mio," forse una delle più conosciute canzoni italiane. Da Enrico Caruso a Luciano Pavarotti, sono stati in molti i cantanti lirici italiani che con successo hanno divulgato* nel mondo la canzone italiana "classica."

2. Il mancato successo della musica popolare italiana contemporanea negli Stati Uniti: qualche spiegazione.

Meno successo invece, soprattutto con il pubblico americano, riscontra* la musica popolare italiana contemporanea, anche se nelle sue migliori espressioni non ha nulla da invidiare ai più osannati* artisti e complessi americani e inglesi che spadroneggiano* nel mercato mondiale. Perché un così magro successo? Tra i rocchettari italiani c'è chi pensa che il mercato anglossassone sia volutamente chiuso agli estranei, fatta qualche rara eccezione per band nord europee. Altri, invece, credono che il mancato "sfondamento"* sia dovuto alla rara disponibilità* degli italiani di cantare

innesto = graft; *canora* = singing; *ceto* = *classe*; *mediamente colto* = of average education; *sulla cresta dell'onda* = at the peak of popularity; *valere* = to serve (*valga l'esempio* = a good example is); *divulgare* = to popularize; *riscontrare* = to find; *osannato* = praised; *spadroneggiare* = to dominate; *sfondamento* = breakthrough; *disponibilità* = openness

in Inglese, o, nel caso che cantino in Inglese, di sfoggiare* un accento straniero troppo evidente. Si potrebbe anche obiettare che, in verità, chi sceglie di cantare in Italiano sceglie anche di esser capito da pochi. Ma come spiegare allora il successo in Italia e nel mondo della musica americana e inglese? L'Inglese, del resto, è capito solo da una minoranza d'italiani. Certamente non si può dire che il successo sia da attribuire alla finezza dei testi* delle canzoni (i quali, molto spesso sono difficilmente decifrabili anche per chi è di madre lingua Inglese). Sarà allora la forza delle multinazionali che promuovono la musica popolare americana e inglese, o forse la netta superiorità del prodotto? In quest'ultimo caso verrebbe in mente qualche dubbio, in quanto molti artisti italiani lavorano ultimamente con musicisti americani e inglesi di fama indiscutibile: si veda, a proposito, le collaborazioni recenti con musicisti italiani di Eric Clapton e Clarence Clemons (sassofonista di Springsteen), degli artisti jazz-fusion Chick Corea e Wayne Shorter e di molti altri musicisti più o meno noti che hanno contribuito al successo di una band o cantante di lingua inglese.

Bisognerebbe aggiungere che, se l'uso dell'Italiano nei testi limita il successo internazionale, da diversi anni si sviluppa un fenomeno contraddittorio: molti musicisti italiani rendono ancora più arduo l'accesso ai testi cantando in dialetto. Mentre in Italia da tempo si andava perdendo la conoscenza dei dialetti, la notevole presenza dei dialetti nella musica popolare italiana sta dando un contributo importante per far sì che i dialetti non siano del tutto dimenticati. Oltre a un folto* e ben conosciuto gruppo di artisti napoletani, hanno avuto consensi di pubblico i Tazenda, complesso che spesso canta in Sardo, lingua del tutto incomprensibile per la penisola, gruppi rap come i lombardi Comitiva Brambilla e molti artisti che trasfersicono nel loro dialetto uno dei tanti generi pop-rock (alcuni dei quali verranno discussi in seguito). Un disco intitolato "Dialetti italiani '93" raccoglie brani* di una quindicina di artisti da nord a sud della penisola, corredato* di libretto con i testi.

Passiamo un po' in rassegna alcuni esponenti di maggiore spicco* nei generi rappresentativi del panorama musicale italiano di questi ultimi anni. Volendo rientrare* in certi limiti di spazio, ci scusiamo per le inevitabili omissioni dato il volume di materiale disponibile.

---

sfoggiare = to display; *testi* = lyrics; *folto* = large; *brano* = piece; *corredato* = accompanied; *spicco* = importanza; *rientrare* = to fall within

3. Il rock duro: i Litfiba.

Gli italiani che prediligono* il rock duro di discendenza metallara saranno concordi che i Litfiba sono la formazione più forte della penisola. Dominato dal vocione tenebroso* del cantante e da un chitarrone dai toni spesso cupi,* rudi e distorti, il sound dei Litfiba è soprattutto aggressivo ma non privo di sfumature* melodiche nelle ballads. Come tanti musicisti italiani, i Litfiba nei loro testi denunciano la corruzione politica che esigeva* tangenti, ultimo grande scandalo del Paese: "Dentro i colpevoli e fuori il nome/ Spogliamo* il ladrone, spogliamo tutti i loro nomi/ Il ladro dimmi chi è, voglio il nome, dimmi dov'è ("Dimmi il nome"). Attenendosi* alla migliore tradizione metallara (e dark) affiorano sentimenti autolesionisti* per una condizione di profonda solitudine: "Non voglio più amici, voglio solo nemici" ("Sotto il vulcano"). Si affrontano* i problemi della coppia, della tentazione al tradimento*: "Anni di convivenza, coppia in crisi genera cattivi odori / Bella e dolce sete di conoscenza, vuole mascherarsi con me / La sana tentazione di cambiare sapore" ("Mistero di Giulia"). Si critica l'avidità,* vizio capitale degli ultimi decenni: "Umanità che si misura in oro, hai venduto l'anima al mercato / Per fortuna la salvezza la paghi in soldi" ("Soldi"). Fiorentini, i Litfiba denunciano il torpore* che vedono nella loro città, che vive di rendita* e si vende ai turisti: "Firenze sogna l'incubo* della vergogna,* il risveglio* della sua voglia / Il viaggio è già finito da un po', soprassiede* sul presente / La signora non si sveglia / Firenze ladra, c'è chi ti paga / Bianca stella dell'universo dell'inutile" ("Firenze sogna").

4. Il rhythm and blues: Zucchero (e Pavarotti).

Il rhythm and blues ha sempre trovato grandi consensi in Italia. Negli ultimi anni la popolarità del genere è stata rinverdita* da Zucchero, il quale, avendo esordito come pedissequo* imitatore di Joe Cocker (voce roca che arriva al falsetto, sbracciamenti* spastici), è riuscito a trovare una sua vena di originalità. Nella musica di Zucchero sono caratteristici il ritmo martellante,* la strumentazione completa di fiati (trombe, sassofoni e

prediligere = preferire; *tenebroso* = gloomy, sinister; *cupo* = deep, low; *sfumatura* = nuance; *esigere* = to demand; *spogliare* = to bare; *attenendosi* = following; *autolesionista* = self-injurious; *affrontare* = to face; *tradimento* = unfaithfulness; *avidità* = greed; *torpore* = sluggishness; *rendita* = investment interest; *incubo* = nightmare; *vergogna* = shame; *risveglio* = reawakening, rekindling; *soprassedere* = to postpone; *rinverdire* = to rejuvenate; *pedissequo* = slavish; *sbracciamento* = thrashing one's arms; *martellante* = throbbing

tromboni) e i numerosi coristi. I testi delle canzoni hanno spesso pretese di misticismo e sensualità, frequenti i doppi sensi molto ovvii. Oltre alle tante collaborazioni con noti musicisti inglesi e americani (Clapton, ad esempio), Zucchero è riuscito a convincere anche Luciano Pavarotti a duettare con lui in "Miserere" (1992). Lo strano esperimento ha fruttato* non poche critiche a Pavarotti (ma buone vendite), anche se il famoso tenore cantava testi che sembravano accennare* a qualche sua celebre interpretazione operistica: "Misero me, però brindo* alla vita" ricorda "Libiamo dai lieti calici"* dalla "Traviata."

5. Il *reggae*: Pitura Freska.

Tra gli artisti che cantano in dialetto spiccano i Pitura Freska, originale formazione che propone *reggae* in dialetto veneziano. Musicisti di lunga esperienza, i Pitura Freska, alla scarna* essenzialità di molta musica *reggae*, aggiungono fiati e una prorompente* chitarra solista. Anche i testi della *band* veneziana denunciano la corruzione politica che dilaga in Italia: "Quei che comanda ise proprio na bruta banda" ("Na bruta banda"); la convivenza tra politici e malavita: "Grazie onorevole, firmato Al Capone" ("The Boss"). In "Doc" (denominazione di origine controllata) viene rivendicato il diritto di cantare in veneziano, dialetto snobbato dalla musica popolare: "Nel nostro dialeto no se po' cantar." Come i fiorentini Litfiba, i veneziani Pitura Freska denunciano il degrado della loro città, costretta a vivere di turismo e di grandi manifestazioni, come fu il concerto-circo dei Pink Floyd qualche anno fa ("Pin Floi"). Il grande seguito* europeo dello storico gruppo inglese provocò danni alla fragile città lagunare,* anche per colpa del comune che, avido di guadagni, non si preoccupò troppo di provvedere ai servizi igienici necessari e alla raccolta ordinata dei rifiuti generati dai quasi centomila intervenuti, per lo più squattrinati,* che la piccola città non poteva ospitare se non sulla pavimentazione di Piazza San Marco. Come prevedibile nella musica *reggae*, anche i Pitura Freska difendono il fumo della mariuana: "In Italia trentamila morti per alcol, ventimila di fumo, mille di eroina, di mariuana non è morto nessuno" ("Marghera").

---

fruttare = to bring; *accennare* = to refer; *brindare* = to toast; *"Libiamo dai lieti calici"* = "Let us sip from joyful goblets"; *scarno* = bare; *prorompente* = loud; *seguito* = following; *lagunare* = lagoon; *squattrinato* = broke, penniless

6. Il rap.

L'uso dei dialetti italiani si è recentemente esteso al genere rap a cui si dedicano moltissimi gruppi, specialmente le "posse" (cioè, gruppi aperti) spesso cresciute nei centri sociali delle città. Musica di ribellione, espressione di rabbia contro il sistema, di solidarietà per gli emarginati, il rap italiano denuncia i mali che affliggono la società (sembra, a volte, tutti nello stesso brano): il razzismo, la corruzione politica, la criminalità, la disoccupazione, l'inquinamento, la difficoltà nei rapporti familiari, la droga e altro ancora (i testi rap sono notoriamente lunghi). Se la "musica" può risultare monotona, in quanto per la maggior parte ripetizione ossessiva e uguale di ritmi creati da percussioni varie (anche elettroniche) e un basso, con aggiunta di fraseggi* di qualche altro strumento o di suoni elettronici o di rumori urbani, i testi possono evidenziare un'efficace forza comunicativa. Si veda, ad esempio, l'esortazione di una "posse" meridionale al Nord, a volte razzista nei confronti del Sud: "Siamo tutti uguali / Fratello voglio pace / Non c'è differenza, non c'è motivo di dire che puzziamo* e non vogliamo lavorare / Smettetela di subire e cominciate a ragionare."

In un discorso del rap italiano è opportuno citare anche il pioniere di questo genere sulla penisola. Avendo esordito con un rap facile e stupidotto, e con un look da giovane americano con tanto di felpa* universitaria e cappello da baseball, Jovanotti ora sfoggia* pizzetto* e tatuaggi e si dedica a un rap più impegnato nei contenuti.

7. La nuova musica napoletana.

La tradizione di musica popolare a Napoli ha una lunghissima storia e spesso la canzone napoletana "classica" viene considerata nel mondo l'espressione dell'Italia tutta. Ciò forse non a torto, giacché nell'interpretazione del repertorio napoletano classico si sono misurati molti cantanti, italiani e non, i quali hanno generato una vasta discografia. Dalla fine degli anni Settanta la "scuola napoletana" propone un nuovo e originale filone* musicale legato alla tradizione ma eclettico nell'insieme, in cui possono coesistere rock, rhythm and blues, blues, funk, jazz, musica latino-americana, musica africana e canzone napoletana tradizionale, per citare solo alcuni generi maggiori. Questa nuova musica napoletana nei testi

---

fraseggio = phrasing; *puzzare* = to stink, to smell; *felpa* = sweatshirt; *sfoggiare* = to flaunt; *pizzetto* = goatee; *filone* = genre

migliori propone un impegno sociale, dando voce ai problemi di Napoli e del Meridione tutto, quasi sempre in dialetto napoletano, ma anche in Italiano, in Inglese e perfino attraverso lingue africane. Per facilitare la comprensione delle canzoni da parte del pubblico nazionale per cui il dialetto napoletano è quasi sempre ermetico, i testi vengono spesso accompagnati da note a piè di pagina* e postille varie.

8. Pino Daniele.

Tra gli esponenti di questa musica che gode una sorprendente popolarità in Italia, spiccano Tullio de Piscopo, Enzo Avitabile, Tony Esposito, Teresa de Sio, Eugenio ed Eduardo Bennato e soprattutto il cantante-chitarrista Pino Daniele. Quest'ultimo ha il merito di aver avviato* il genere al successo nazionale, oltrepassando a volte anche i confini della penisola. All'inizio della carriera, Daniele riunì musicisti di lunga esperienza, tra cui il batterista de Piscopo, il percussionista Esposito e il sassofonista afro-americano-napoletano James Senese. Il linguaggio musicale di Daniele, senza perdere una ben definita discendenza dalla tradizione napoletana, si apriva così a un pubblico più vasto. Per raggiungere l'obiettivo, Daniele ben presto si assicuro per i suoi dischi anche la collaborazione di molti noti musicisti internazionali, tra cui il sassofonista argentino Gato Barbieri, il sassofonista Wayne Shorter e il tastierista Chick Corea. Mischiando sapientemente elementi della tradizione napoletana melodica (e quella più vasta dell'area campana) con tutti gl'influssi immaginabili provenienti dalla musica afro-americana e quella latino-americana, Daniele è riuscito a creare un linguaggio musicale di notevole originalità. Inoltre, nell'aggancio* con la musica afro-americana, soprattutto il rhythm and blues e il blues, i testi di Daniele riflettono la difficile condizione di vita del proletariato napoletano, espressione parallela a quella dei due generi afro-americani, che spesso cantano le sofferenze di una popolazione che ha vissuto gravi ingiustizie.

Il motivo ispiratorio del migliore Daniele è da sempre Napoli e la sua gente. Evitando facili stereotipi, il cantante si immedesima* nelle dichiarazioni d'amore di un giovane popolano, eco di una tradizione canora napoletana secolare ("Je sto vicino a te"); oppure dà voce alle sofferenze di un uomo di mare rassegnato alla sua miseria ("Chi tene 'o mare"). I testi di Daniele possono essere un grido di rabbia contro le in-

---

note a piè di pagina = footnotes; *avviare* = *cominciare*; *aggancio* = linking; *immedesimarsi* = to identify with

giustizie perpetrate da governi sordi* ai bisogni della popolazione, un richiamo alla necessità di un nuovo Masaniello[1] per guidare la rivoluzione ("Je so' pazzo"). Altrove esprime la delusione dell'operaio napoletano per le promesse mai mantenute dai partiti politici che invece lo sfruttano, sorte che contrappone all'immagine del golfo di Napoli inquinato per abusi di ogni genere ("Il mare"). Senza evitare gli aspetti più drammatici della povertà della sua città, Daniele canta del bisogno di prostituirsi di un giovane omosessuale che sogna una vita normale in una società che lo rifiuta ("Chillo è 'nu buonu guaglione"). La disperazione di un sottoproletariato costretto a vivere alla giornata ricorda una situazione già raccontata nel film neorealista "Sciuscià"[2] e da certi episodi del romanzo di Malaparte *La pelle*. In "Uè man" un giovane napoletano, costretto come tanti suoi concitaddini ad arrangiarsi* per sopravvivere, cerca di invogliare* uno dei tanti militari americani di stanza* a Napoli a seguirlo. Usando un Inglese approssimativo, egli promette donne e vino e cerca quella comprensione umana che gli è spesso negata. È comunque un rapporto di affetto che lega Pino Daniele alla sua città, senza negare i tanti difetti e problemi di Napoli. In uno dei suoi primi dischi ("Napul'è," 1977) cantava "Napul'è na carta sporca e nisciuno se ne 'mporta"; nel 1993 Napul'è "la mia città, tra l'inferno e il cielo" ("Che Dio ti benedica").

9. Sanremo ecc.

Il quadro della musica popolare italiano non sarebbe completo senza menzionare i nomi di rocchettari bravi ma abbastanza convenzionali come Vasco Rossi e Ligabue, oppure dei grandi cantautori* in giro da oltre un quarto di secolo come Lucio Battisti, Lucio Dalla e Francesco de Gregori, le cui canzoni più interessanti sono legate all'impegno politico e sociale.

Bisognerebbe poi fare un accenno alla musica "tipo Sanremo." Manifestazione annuale bollata come "festival della canzone italiana," il festival di Sanremo è stato ultimamente criticato per essere controllato troppo dai democristiani. Non ci sarebbe da stupirsi: il festival viene infatti messo in onda* dal primo canale della RAI (il canale della ex DC), l'organizzazione viene affidata a uomini di fiducia del partito e si parla anche di tangenti e di favori per assicurarvi la partecipazione. In una delle ultime manifestazioni ha destato* qualche sospetto l'inclusione di una canzone pietosa-

---

sordo = deaf; *arrangiarsi* = to do what one can; *invogliare* = to persuade; *di stanza* = based; *cantautore* = singer-songwriter; *messo in onda* = broadcast; *destare* = to arouse

1989: STING - 1993: ZUCCHERO

Venerdì 2 Luglio - ore 21.30

Le nozze di Figaro®

ti invitano a festeggiare il

ritorno
della
grande
musica
nello
stadio
di Firenze

ZUCCHERO

Apertura Ingressi ore 19.00

mente eseguita da una cantante stonata,* ma il cui padre era deputato democristiano. Le critiche, quindi, sono parecchie: i responsabili per la selezione scelgono male (e chissà con quale criterio); si sospetta la presenza di cantanti "raccomandati"; i testi sono spesso pretenziosi ma vuoti; le esecuzioni, accompagnate quasi sempre da un'orchestra di tipo "sinfonico" e un numero esagerato di coristi, sono all'acqua di rose (gli americani direbbero quasi da Muzak). Una volta a Sanremo partecipavano anche noti artisti internazionali: il livello basso della manifestazione negli ultimi anni avrà certamente destato in molti la paura che, partecipandovi, metterebbero a rischio la carriera.

---

stonata = off-key, out of tune

NOTE

1 Masaniello (Tommaso d'Amalfi), pescatore di Amalfi, capo di un'insurrezione popolare a Napoli del 1647. Fu ucciso poco dopo dallo stesso popolo che guidò (1623–1647).
2 *Sciuscià* (napoletano per l'inglese *shoeshine*), film neorealista di successo del regista Roberto Rossellini. Alla fine dell'ultima guerra, molti giovani napoletani si dedicavano all'attività di lustrascarpe durante la liberazione della città da parte delle truppe anglo-americane.

DISCOGRAFIA

Enzo Avitabile. "SOS Brothers" EMI, 1986.
Lucio Battisti. "Una donna per amico" Numero Uno, 1978.
Edoardo Bennato. "Joe Sarnataro: È asciuto pazzo o' padrone" EMI, 1992.
   "Il paese dei balocchi" EMI, 1992.
   "Il gioco continua" Virgin, 1988.
   "Kaiwanna" Ricordi, 1985.
Lucio Dalla. "Il motore del 2000" RCA, 1992.
   "Dalla-Morandi" RCA, 1988.
   "Best of Dalla" RCA, 1983.
   "Com'è profondo il mare" RCA, 1977.
Pino Daniele. "Che Dio ti benedica" CGD, 1993.
   "Un uomo in blues" CGD, 1991.
   "Ferryboat" EMI, 1985.
   "Musicante" EMI, 1984.
   "Bella 'mbriana" EMI, 1982.
   "Va' mo'" EMI, 1981.
   "Nero a metà" EMI 1980.
   "Pino Daniele" EMI, 1979.
   "Terra mia" EMI, 1977.
Francesco de Gregori. "Rimmel" RCA, 1983.
   "Francesco de Gregori" RCA, 1977.
Tullio de Piscopo. "Passaggio a oriente" EMI, 1985.
   "Acqua e viento" Bagaria, 1983.
Tony Esposito. "Il grande esploratore" Bubble, 1984.
Litfiba. "Terremoto" CGD, 1993.
   "Sogno ribelle" CGD, 1992.
   "El Diablo" CGD, 1990.
Pitura Freska. "'Na Bruta Banda" 1992.

Vasco Rossi. "Liberi, Liberi" Carosello, 1989.
  "Cosa succede in città" Carosello, 1985.
Tazenda. "Limba" VISA, 1992.
  "Murales" VISA, 1991.
Zucchero. "Miserere" Polydor, 1992.
  "Zucchero" Polydor, 1991.
  "Oro, Incenso e Birra" Polydor, 1989.
  "Blues" Polydor, 1987.

I. Rispondete alle seguenti domande:

1. Da dove proviene il maggior influsso sulla musica italiana popolare contemporanea?
2. Quale sarebbe qualche ragione per cui la musica italiana popolare contemporanea ha scarso successo in Nord America e in Inghilterra? Ci sarebbe qualche dubbio per queste spiegazioni?
3. Come si è resa più ermetica al pubblico internazionale la musica italiana popolare contemporanea?
4. Perché si può interpretare in senso positivo l'uso dei dialetti nella musica italiana popolare contemporanea?
5. Come si può caratterizzare la musica dei Litfiba? Quali sono alcuni temi dei loro testi?
6. Quali sono le caratteristiche della musica di Zucchero?
7. Descrivete qualche aspetto della musica dei Pitura Freska. Quali sono alcuni temi dei loro testi?
8. Quali sono alcuni temi del *rap* italiano? Perché per alcuni la "musica" può essere di scarso interesse?
9. Chi è Jovanotti?
10. Perché si può definire "eclettica" la nuova musica napoletana?
11. Qual è l'importanza di Pino Daniele?
12. Descrivete alcuni temi delle canzoni di Daniele.
13. Perché viene criticato il festival di Sanremo?

II. Proposte per elaborazioni orali o scritte.

A. Dopo aver ascoltato (meglio se più di una volta) della musica popolare italiana contemporanea, indicate ciò che vi è piaciuto o non vi è piaciuto e perché. Descrivete le influenze americane o inglesi che vi scorgete. Qual è il contenuto dei testi? Come li caratterizzereste?

catchy-
accattivante

B. Parlate della musica popolare contemporanea che preferite. Seguite musica popolare contemporanea di artisti che non sono americani, canadesi, o inglesi? Indicate perché vi piace anche la musica popolare contemporanea di un altro paese (non di lingua inglese). (Se non seguite la musica popolare indicate perché non vi attira, quali pensate siano i limiti della musica popolare, ecc.).

C. Secondo voi, quali possono essere alcune ragioni per cui la musica popolare italiana contemporanea è poco conosciuta nell'America del Nord? Pensate che sia essenziale la comprensione dei testi per il successo di un brano musicale? Se pensate di sì, quali obiezioni ci potrebbero essere?

D. Siete d'accordo che un grande successo nel campo della musica popolare il più delle volte non è assecondato dal favore dei critici? Perché?

III. Esercizi.

A. Componete 5 frasi attive (almeno 2 con il congiuntivo) e volgetele al passivo.

B. Trasformate le frasi esplicite in implicite (Vedere l'esercizio A nel Capitolo 5):

1. Se tu ti fossi impegnato alle prove, avresti vinto il festival di Sanremo.
2. Mentre cantavano e si dimenavano, i Litfiba accendevano l'entusiasmo del pubblico.
3. Quando uscì sul palcoscenico, Pavarotti venne salutato con una pioggia di fiori.
4. Il gruppo *rap* è stato accettato al festival dopo che aveva pagato la tangente.
5. Anche se aveva suonato magnificamente, fu fischiato dal pubblico ubriaco.
6. Se voi spenderete tutti i vostri soldi in musica, alla fine del mese non vi rimarrà niente.
7. Se avessero imparato bene i testi della canzone, non avrebbero bisogno di improvvisare.
8. Ho il fiato corto perché ho ballato finora.

C. Trovate i vocaboli inglesi (o di evidente derivazione inglese) usati nel capitolo. Ci sarebbero dei validi equivalenti in italiano? Sfogliate un articolo di giornale o di rivista italiana e segnalate i vocaboli ed espressioni presi dall'Inglese. Consultando un buon vocabolario italiano, indicatene gli equivalenti italiani che potrebbero funzionare nel contesto. Se l'equivalente italiano non fosse opportuno nel contesto, indicate perché no. In quali settori è più prevalente l'uso di vocaboli inglesi?

D. Sostituite ai filetti il pronome o l'aggettivo interrogativo:

1. Dimmi con __quali__ ragazzi sei andato al concerto.
2. Non ti chiedi __quanto__ possa costare il biglietto per Zucchero?
3. Vorrei sapere __quanto__ tempo è passato dalla morte di Elvis.
4. __Chi__ hai sentito cantare ieri sera?
5. _____ c'erano nella *band* di Vasco Rossi?
6. Mi domandavo __quali__ canzoni avrebbero presentato.
7. Si disperava chiedendosi __quanta__ speranza ci fosse che la sua canzone venisse ammessa al festival.
8. Non sapeva __quale__ decisione prendere.

E. Componete delle frasi facendo uso dei vocaboli indicati (ed altri, se necessari o rendono più espressivo il periodo):

1. testi / benché / essere / brano / indecifrabile / piacere / pubblico
2. roca / voce / dominare / cantante / gruppo
3. spiccare / corista / numeroso / suono / aggressivo / chitarra
4. avido / guadagno / sebbene / essere / suonare / manifestazione / gratis
5. rabbia / denunciare / affliggere / mali / sistema / musicale / genere

INDICE